Alles auf Anfang

BENJAMIN WEITER

Alles auf Anfang
Mein Leben nach dem Schlaganfall

basierend auf einer wahren Lebensgeschichte

Bibliografische Information der Deutschen Nationalbibliothek
Die Deutsche Nationalbibliothek verzeichnet diese Publikation in der
Deutschen Nationalbibliografie; detaillierte bibliografische Daten sind im
Internet über http://dnb.dnb.de abrufbar.

Satz, Umschlaggestaltung, Herstellung und Verlag:
BoD – Books on Demand
ISBN 978-3-7386-7237-4

Inhalt

Vorwort

Nicht mehr in Selbstmitleid verweilen, nicht mehr dem nachtrauern, was verloren ging, sondern mit Mut nach vorne blicken. Diesem Motto bin ich bis zum heutigen Tage treu geblieben und bin so nach einem langen und steinigen Weg zurück ins Leben gekommen.

Wie man anhand meines Buchtitel erahnen kann, musste nach meinem Schicksalsschlag vieles neu erlernen und es war wahrlich nicht einfach. Aber ich stellte mich meinen Problemen und kam mit Babyschritten immer ein Stückchen voran. Als ich nach Jahren wieder soweit gesund war, fand ich zur richtigen Zeit am richtigen Ort einen Wiedereinstieg ins Berufsleben und dies war der Beginn einer Karriere, welche ich mir selbst nie erträumt hätte. Auf meinem Weg erlebte ich wahrlich traurige, aber auch viele schöne Momente, welche mich immer neu motivierten, sodass ich nie den Lebensmut verlor.

Zum Thema *Motivation* gibt es viele Bücher und Seminare darüber, wie man mit den schweren Zeiten im Leben umgehen kann. Auch ich besuchte einmal so ein Seminar. Dort wurde unter anderem ein kurzer Film gezeigt, wie ein kleines Baby versuchte, vom Boden auf ein Sofa zu klettern. Die ersten Versuche scheiterten nach ein paar Sekunden und das Baby fiel mit einem Purzelbaum wieder auf dem Boden. Danach wurden die nächsten Versuche im Zeitraffer dargestellt und beim dreißigsten Versuch schaffte das Baby es.

Bei jedem Menschen gibt es Tage, an denen einfach alles funktioniert, an anderen Tagen hingegen will einfach gar nichts klappen. Dieses Phänomen konnte ich auch gut beim Fußball wiederfinden. Ich sah in einem Finale eine hoch überlegene Mannschaft, sie hatte unzählig viele Torchancen, doch am Ende verlor sie das Spiel. Umso beeindruckender fand ich, dass diese Mannschaft den Kopf nicht in den Sand steckte, sondern die Niederlage abhakte; hoch motiviert gewann sie ein Jahr später das Finale.

An diesen zwei Beispielen erkannte ich: Rückschläge gehören zum Leben, aber um ein bestimmtes Ziel zu erreichen, braucht es einen absoluten Willen und das notwendige Durchhaltevermögen. Allerdings wurden hier nur zwei Situationen im Leben geschildert, doch wie kann man sich stets aufs Neue motivieren, wenn über Jahre nichts funktionieren will und man das Gefühl bekommt, die Welt ist gegen einen? Genau in so einer Situation befand ich mich und daher möchte in den folgenden Kapiteln beschreiben, was alles nötig war, bis ich nach Jahren wieder Licht am Ende des Tunnels sah und einen Weg nach oben schaffte.

Nach meinem großen Knall konnte ich kaum sprechen, mein Kopf war wie leer gefegt und ich erkannte meine Eltern nicht mehr. Auch wenn ich in diesem Moment nur noch wenig verstand, bat ich um eine zweite Chance für ein ganz normales Leben. Jeder Mensch hat ja seine eigene Meinung zum Thema *Glaube*, aber in dieser Nacht auf der Intensivstation war es für mich einfach wichtig, *jemanden* an meiner Seite zu haben und meine großen Sorgen teilen zu können.

Nun, es gibt wie gesagt viele Bücher zum Thema *Motivation* und mein Buch soll kein weiteres sein. Ich möchte lieber meine Erfahrungen beschreiben, wie ich die einzelnen Hürden übersprang und mit Mut und Glück vorankam. Vielleicht erkennt der eine oder andere Leser ähnliche Situationen und kann daraus Ansätze beziehen, wie es in seinem Leben weitergehen soll. Aber egal, ob man nun ein Motivationsbuch lesen möchte, nach einem neuen Job sucht oder das Leben neu gestalten will: Wenn man etwas ändern möchte, dann muss man JETZT anfangen.

Ein normales Leben

Bis zu meinem 27. Lebensjahr führte ich ein ganz normales Leben. Aber was heißt denn schon *normal*, da hat jeder seine ganz eigene Vorstellung. Für einen Millionär ist es zum Beispiel normal, mit einem Ferrari durch die Gegend zu fahren, wohingegen es für einen Auszubildenden normal ist, auf den nächsten Bus zu warten. Daher möchte ich im ersten Kapitel einfach mein normales Leben bis zum großen Knall beschreiben.

Meine Eltern waren beide berufstätig, bauten in jungen Jahren in einem kleinen Dorf nahe Hannover ihr Einfamilienhaus, welches am Ende einer Sackgasse lag. Als das Haus soweit fertig war, kam meine Schwester zur Welt und meine Mutter hörte auf, zu arbeiten. Mein Vater machte weiterhin verschiedene Jobs; so ergab sich eine klassische Aufgabenverteilung zwischen Haushalt und Geldverdienen.

Zwei Jahre nach der Geburt meiner Schwester kam ich zur Welt. Als kleiner Junge spielte ich gerne in meinem Kinderzimmer mit Lego oder Playmobil. Wenn ich mit den Legosteinen spielte, war es mir immer wichtig, die Bausteine so versetzt zu bauen, dass jedes Element stabil blieb. Mit Playmobil spielte ich meistens mit Soldaten und Indianern und dachte mir spannende Geschichten aus. In meinem Kinderzimmer war ich vielleicht der jüngste Diplomat der Welt, denn bei mir gab es nie Kämpfe zwischen den Parteien und es wurde immer zwischen Soldaten und Indianern verhandelt.

Im Alter von fünf Jahren kam ich in den Kindergarten, und ein Jahr später wurde ich eingeschult. Dort lernte ich die Kinder aus der Nachbarschaft kennen, und mit den Jahren entwickelte sich eine gute Freundschaft. Wenn wir mit den BMX-Rädern unterwegs waren, ging es oft um die Wette, wer wohl länger auf dem Hinterrad fahren konnte.

Als meine Mutter einmal für zwei Tage verreiste, kamen wir Jungs auf die Idee, wir könnten mit den BMX-Rädern auch mal zwischen den Tannen vom Nachbarn durchfahren. Damit das ging, brachen wir einfach ein paar Zweige ab. Doch letztlich brachen wir so viele Äste ab, dass ein großräumiger Tunnel zwischen den Tannen entstand. Das gab dann aber Ärger, als meine Mutter aus ihrem Urlaub zurückkam, der Nachbar wie am Spieß brüllte und meine Eltern neue Tannen kaufen mussten. Etwas später gab es eine neue Begrenzung, und zwar in Form eines fast zwei Meter hohen Holzzauns, welcher heute noch da steht, aber schön bepflanzt ist.

Mit dem Skateboard sprangen wir gerne über Hindernisse oder versuchten das Skateboard während der Fahrt zu drehen. Natürlich gab es immer wieder Unfälle, und wenn ich dann nach Hause kam, schüttelte meine Mutter nur den Kopf und versorgte meine Wunden.

Mit den Jungs von der Schule spielte ich auch gerne Fußball und meldete mich bei unserem Dorfverein an. Einmal wurden Spieler und Angehörige unseres Vereins zu einem Schüleraustausch nach Amerika eingeladen: Ein Bewohner aus unserem Dorf war vor Jahrzehnten nach Amerika ausgewandert, hatte aber nie ganz den Kontakt zu seiner alten Heimat verloren und organisierte eines Tages diesen Schüleraustausch. So flogen meine Schwester und ich das erste Mal in unserem Leben über den großen Teich. Für mich war der erste Flug ziemlich aufregend, besonders wenn es Turbulenzen gab. Als wir am Flughafen von New York ankamen, fuhren wir noch ungefähr drei Stunden mit dem Bus zum Zielort. Nach einer zehnstündigen Reise empfing uns unserer Gastfamilie. Uns fiel schnell auf, dass vieles größer und fortschrittlicher war als in unserem Dorf. In den Supermärkten gab es zum Beispiel ein Regal mit unzählig vielen Sorten von Cornflakes, während wir in unserem Dorf nur zwischen zwei Sorten Cornflakes wählen konnten. Zum anderen gab es in Amerika schon über hundert verschiedene Fernsehsender, in Deutschland nur ARD, ZDF und das Dritte.

Neben Fußballturnieren fanden wir auch immer Zeit für kleinere Ausflüge und sahen so zum Beispiel das

Weiße Haus oder die Niagarafälle. Einmal fuhren wir mit der Gastfamilie zu einer Waldhütte in der Wildnis. Dort entdeckten wir frische Spuren eines Braunbären an der Haustür, und in den Bäumen sahen wir einen Koala-Bär sitzen. Für uns Kinder war die Zeit in Amerika beeindruckend.

Nach der 6. Klasse wurden die Schüler anhand ihrer schulischen Leistungen in Gymnasium, Real- und Hauptschule unterteilt. Von meinen schulischen Leistungen her gehörte ich eher zum unteren Durchschnitt, jedoch versuchte ich es zuerst mit der Realschule. Da ich ein sehr aktives Kind war, um es mal so zu formulieren, war der Unterricht für die Lehrer sicherlich nie ganz einfach. Im Nachhinein gehörte ich wohl zu den Kindern mit einer Aufmerksamkeitsdefizit-/Hyperaktivitätsstörung, also einem ADHS-Syndrom.

Jeder Schüler hat ja Fächer, welche er mag und andere, die er nicht so mag. Ich hatte viele Fächer, die ich gar nicht mochte – Deutsch, Englisch … Ironischerweise sprach ich in meinem späteren Berufsleben sehr viel Englisch und verstand mich bestens mit meinen englischen Kollegen.

Die Schulzeit habe ich insgesamt nie wirklich geliebt, hatte vielmehr Sport oder Computerspiele im Kopf, und meine Mutter versuchte vergeblich, dass ich etwas für mein Leben lernte. Das Resultat waren dann zwei Fünfen im Abschlusszeugnis der Realschulklasse; ich sollte diese Klasse wiederholen. Da nun einige Freunde aus meinem Dorf zur Hauptschule gingen, wechselte ich lieber in ihre Klasse, denn ich kannte keinen Schüler der anderen Realschulklasse. Meine Mutter versuchte zwar mit allen Mitteln, dass ich weiter zur Realschule ging, doch wenn ich etwas wollte, dann blieb ich stur – ich wechselte zur Hauptschule.

Erst im letzten Schuljahr der Hauptschule platzte bei mir aus heiterem Himmel der Knoten, und mir wurde bewusst, wie wichtig ein guter Schulabschluss für meine Zukunft war. Um dieses Ziel zu erreichen, schaffte ich zuerst einen Zweier-Notendurchschnitt der Hauptschule und machte dann den Realschulabschluss nach. Die guten Noten fielen aber wahrlich nicht vom Himmel, sondern ich setzte mich auf den Hosenboden und lernte viel für die Schule. Den anderen Mitschülern gefiel es aber gar nicht, dass ich auf einmal am Unterricht teilnahm, und so wurde ich schnell zum Außenseiter. Danach versteckte ich mich meistens in den Pausen, um kein blaues Auge zu kassieren. Früher taten mir die Außenseiter an der Schule immer leid, nun war ich selber einer und wusste, was das bedeutete. Zu dieser Zeit setzte ich mich auch kaum zur Wehr, denn von der Körperstatur her gehörte ich eher zur Kategorie *Zwerg*. Als ich während meiner Konfirmation in der Kirche zum Altar lief, hörte ich lautes *Ah* und *Oh* von allen Seiten, da ich gegenüber den anderen Mädchen und Jungen fast zwei Köpfe kleiner war. Aber ich kämpfte mich mit viel Geschick und schnellen Beinen durch das letzte Schuljahr, und mit einem relativ guten Abschlusszeugnis fand ich sogar meinen ersten Ausbildungsplatz beim größten Arbeitgeber dieser Region.

Während meiner Ausbildung wechselte ich alle drei Monate zwischen den verschiedenen Abteilungen, wobei die Aufgaben mal mehr und mal weniger interessant waren. Nach Abschluss der zweijährigen Berufsausbildung arbeitete ich als einfacher Angestellter in meiner Lieblingsabteilung weiter. Nach ungefähr einem Jahr fiel mir aber auf, dass ich mehr und mehr auf die Uhr schaute und den Feierabend herbei sehnte. Nach Feierabend traf ich mich meistens mit meinen Freunden und spielte Fußball, Tennis oder Minigolf.

Als ich mit meiner Freundin Minigolf spielte, war das Spiel allerdings eher Nebensache, und wir verbrachten einfach einen sonnigen Tag im Freien. Meine Freundin war nicht so geübt, dementsprechend traf sie nicht so oft. An einer Bahn musste ein kräftiger Schlag gemacht werden, damit man den Ball auch auf die Spielfläche mit dem Loch brachte. Meine Freundin holte aus, streifte den Ball nur leicht, und er rollte von der Startposition auf den Rasen. Als Gentleman bückte ich mich, nahm den Ball und legte ihn wieder auf die Startposition. Das Ganze wiederholte sich ein paarmal. Plötzlich gellte ein lauter Schrei über die Minigolfanlage: Meine Freundin hatte wie bei den letzten Schlägen zuvor den Ball nur leicht gestreift, doch diesmal war der Ball nur ganz leicht zur Seite gerollt. Ich wollte wie die Male zuvor den Ball aufnehmen und auf die Startposition legen, doch meine Freundin versuchte diesmal, den rollenden Ball zu treffen, und traf mit voller Wucht zuerst meine Nase und dann meine Stirn. Zum ersten Mal in meinem Leben sah ich Sterne in allen Farben. Die Nase war glatt gebrochen, innerhalb von Sekunden bildete sich eine Beule von der Größe eines Tischtennisballs auf meiner Stirn. Ich sah aus wie ein menschliches Einhorn. Die älteren Damen und Herren auf der Minigolfanlage waren entsetzt, als sie mich mit blutverschmiertem Shirt, gebrochener Nase und der riesigen Beule auf der Stirn sahen. Die Schmerzen auf der Nase und Stirn wurden von Sekunde zu Sekunde heftiger, und ich hoffte auf baldige Linderung. Wir rannten dann zur Kasse, gaben die Minigolfschläger und den Ball ab und fuhren schnell nach Hause. Im Rückspiegel meines Autos betrachtete ich das schmerzhafte Ergebnis; während der Fahrt sah mich meine Freundin nur mit großen Augen an. Zu Hause angekommen, war meine Mutter ganz erschrocken, versorgte zuerst meine neuen Wunden und wollte wissen, was passiert sei. Wie es der Zufall so wollte, kamen kurz darauf zwei Freunde zu Besuch. Als sie mich mit gebrochener Nase und blut-verschmiertem Hemd sahen, wollten sie natürlich auch wissen, was passiert war. Da die beiden immer gerne fiese Scherze machten, wollte ich die Gelegenheit nutzen und es ihnen heimzahlen. Ich erzählte, dass ich mit meiner Freundin in der Stadt war und in einer dunklen Gasse von einer Schlägertruppe angegriffen worden seien. Als die mit mir fertig waren, habe sich dann noch einer umgedreht und gesagt: *Deine Kumpels sind als Nächste dran.* Meine Freunde wurden gleich ganz nervös und wollten wissen, was wir denn gemacht hätten, dass ein paar Schläger uns auf dem Kieker hatten. Ich konnte mir das Lachen aber nicht lange verkneifen und erzählte kurz darauf, was wirklich passiert war.

Mit meinem damaligen Beruf war ich nun nicht mehr zufrieden. Meistens glich ich endlose Listen ab oder unterzeichnete Tausende Lieferscheine. Mit ein paar Hundert Mark im Monat machte ich keine großen Sprünge. Ich kündigte nach Rücksprache mit meinen Eltern die Arbeitsstelle und meldete mich zur Handelsschule an. Doch so wie man nicht über seinen eigenen Schatten springen kann, merkte ich schnell wieder, dass die Schule einfach nicht zu meinen Stärken gehörte, und bald bekam ich wieder Probleme. So verließ ich die Handelsschule mit einem mittelmäßigen Notendurchschnitt und stellte ernüchternd fest, dass meine beruflichen Chancen kaum gestiegen waren. Zum anderen musste ich eingestehen, dass ich zu diesem Zeitpunkt einfach nicht wusste, was ich beruflich machen wollte.

Dieses Dilemma besprach ich wiederum mit meinen Eltern, und wir überlegten, welche beruflichen Möglichkeiten sich noch boten. Im Stellenanzeiger gab es zu dieser Zeit nur eine Handvoll von offenen Stellen, und ich erhielt nur Absagen; so fühlte ich mich ziemlich nutzlos. Nach ein paar Monaten kamen wir letztendlich zu dem Schluss, die Flucht nach vorne anzutreten, und ich versuchte, auch noch zu studieren. An den Hochschulen wurde gerade der neue Studiengang *Wirtschaftsinformatik* angeboten, und mit Informatik beschäftigte ich mich gerne. Mit meinem mittelmäßigen Handelsschulabschluss konnte ich aber nicht gleich studieren und landete auf einer jahrelangen Warteliste.

Doch hier half nun ein glücklicher Zufall oder anders gesagt: Ich war zur richtigen Zeit am richtigen Ort. Nach der Wiedervereinigung Deutschlands fuhr ich mit dem Auto durch Ostdeutschland und sah in Rostock auf einem Schild ebenfalls das Studienangebot *Wirtschaftsinformatik*. Ich informierte mich kurz entschlossen an dieser Hochschule über den Studiengang, und da es noch freie Plätze gab, konnte ich sofort beginnen. Zu Hause angekommen, berichtete ich von dieser tollen Möglichkeit, und wir überlegten, wie ich die Kosten einer Wohnung und der monatlichen Studiengebühren finanzieren könnte. Wir einigten uns darauf, dass ich während der Semesterferien jeweils einen Aushilfsjob annehmen sollte und meine Eltern mich während der Studienzeit unterstützen würden. Somit meldete ich mich an der Hochschule in Rostock an, mietete ein Zimmer im Studentenwohnheim, und mit meinem vollgepackten Auto ging es Richtung Osten.

Als ich losfuhr, hörte ich draußen ein permanentes Piepen, doch da ich nicht erkannte, woher es kam, stellte ich einfach das Autoradio etwas lauter. Nach drei Stunden auf der Autobahn bog ich dann an einer Ausfahrtstraße ab und stoppte am Stoppschild. Als ich dann wieder anfuhr, blockierte nach ein paar Metern das rechte Rad, und mein Auto zog zur rechten Seite. Als ich ausstieg, sah ich dann am vorderen rechten Rad ein total zermalmtes Kugellager, aber nun wusste ich auch, woher das permanente Piepen kam. Für einen Moment überkam mich ein ganz mulmiges Gefühl, und ich überlegte, was wohl passiert wäre, wenn der Reifen bei hoher Geschwindigkeit blockiert hätte. Da es in dieser Gegend noch keinen Mobilempfang gab, lief ich ungefähr fünf Kilometer bis zur nächsten Gaststätte und rief einen Abschleppdienst an. Auf dem Rückweg fing es dann an zu regnen, und ich wartete klatschnass im Auto auf den Abschleppdienst. Als ich so im Auto wartete, beobachtete ich aus der Ferne auf der anderen Straßenseite einen Auffahrunfall. Nach nur fünf Minuten kam der Abschleppdienst und half den Leuten vom Auffahrunfall. Erst dachte ich mir nichts dabei, doch als nach fast einer Stunde immer noch nichts passierte, wurde mir bewusst, dass der Abschleppdienst, den ich gerufen hatte, den anderen half. Ziemlich genervt fluchte ich vor mich hin, und obwohl es immer noch regnete, lief ich nochmals zu der Gaststätte und rief abermals einen Abschleppdienst. Nach einer weiteren Stunde kam dann endlich ein Abschleppwagen, der mich und mein Auto nach Rostock brachte. So erlebte ich auf dem Hinweg schon ein paar aufregende Ereignisse und bekam dazu noch eine teure Rechnung.

Endlich kam die erste Vorlesung an der Hochschule. Ein Wechsel von der Schule zur Hochschule war für mich schon enorm, und ich konnte kaum den Professoren mit ihren ganzen Fachbegriffen folgen. Aber zum ersten Mal in meinen Leben gab es auch Fächer, wie zum Beispiel *Programmierung*, welche mir Spaß machten, und so kam ich nach holprigem Start gut in das erste Semester.

Während meiner ersten Semesterferien fuhr ich zu meinen Eltern und fand einen Aushilfsjob als Fahrer für Baumaterialien. Am ersten Tag zeigte ein Kollege den 7.5-Tonnen-LKW und wie der Kran auf der Ladefläche funktionierte. Danach sollte ich gleich ans Steuer, und wir stiegen ins Führerhaus. Mein Kollege wies mich noch drauf hin, dass die Bremse eines LKW viel stärker sei als bei einem PKW. So startete ich den LKW, fuhr in Richtung Straße und hielt vor dem Stoppschild an. Wie gewohnt trat ich dazu auf die Bremse, doch die hydraulische Bremse vom LKW reagierte sofort und mein Kollege schoss zur Fensterscheibe. Ich war total erschrocken, doch er reagierte ganz cool und meinte nur, dass ich nun wüsste, wie gut diese Bremse sei.

Nach ein paar Tagen hatte ich gelernt, wie man mit dem schweren LKW umging, fuhr bald alleine und lieferte die Baumaterialien zu den jeweiligen Baustellen. Nach der zweiten Woche fuhr ich am Freitag die letzte Lieferung aus und wollte dann nach Hause. Da nur noch ein Metallgitter auf der Ladefläche lag, öffnete ich nicht die Schotten und versuchte, das Gitter so hochzuheben. Zuerst ging auch alles gut, doch dann verhakte das Metallgitter irgendwo und kurz danach durchbohrte ein Metalldraht meinen Finger. Erst schaute ich verdutzt meinen durchbohrten Finger an, doch sogleich kamen die höllischen Schmerzen wie damals auf der Minigolfanlage. Planlos rannte ich auf der Baustelle umher und suchte nach Hilfe. Schließlich traf ich einen Bauarbeiter, der mir ganz entspannt ein Pflaster auf meine Wunde klebte. Mit permanenten Schmerzen fuhr ich dann zurück zum Arbeitgeber, zeigte meinen durchbohrten Finger, und so endete etwas abrupt mein erster Aushilfsjob. Nach diesem Missgeschick arbeitete ich nicht mehr körperlich, sondern lernte lieber für das zweite Semester.

Nach ein paar Wochen fuhr ich wieder nach Rostock und begann mit den neuen Vorlesungen. Zu Beginn des zweiten Semesters erfuhr ich: Wer das Vorstudium erfolgreich abschloss, konnte die Hochschule wechseln. Daher informierte ich mich sofort an der Hochschule in Hannover und beantragte die notwendigen Formulare. Dann absolvierte ich das zweite und dritte Semester an der Hochschule in Rostock und schloss das Vorstudium erfolgreich ab. Ich war ziemlich stolz auf mich, dass ich trotz aller Lerndefizite so weit kam. Danach wechselte ich zur Hochschule in Hannover und zog wieder bei meinen Eltern ein. Zwar brauchte ich nun kein Geld mehr für ein Zimmer, aber einen Aushilfsjob sollte ich nach wie vor suchen.

So fand ich den nächsten Semesterferien einen Job im Getränkehandel. Es ging schlicht und ergreifend darum, die leeren Glasflaschen nach ihren Farben zu sortieren. Zuerst klang dieser Job ganz einfach, aber wenn man acht Stunden pro Tag nichts anderes macht, dann wird es anstrengend. Wenn ich, während ich diesen Job machte, beim Einkaufen jemanden sah, der eine gemischte Kiste Getränke kaufte, musste ich mich fast zurückhalten, um nicht zu sagen: *Diese Kiste muss ich später sortieren.*

Ein guter Freund studierte während dieser Zeit in Stuttgart Mathematik, und während meiner Ferien besuchte ich ihn immer gerne. Im Studentenwohnheim gab es oft Partys, und dort lernten wir ein spanisches Pärchen aus Barcelona kennen. Wir verstanden uns auf Anhieb, verbrachten viele schöne Abende, und es gab vieles zu erzählen.

Nach ungefähr einem Jahr lud uns das spanische Pärchen sogar zu seiner Hochzeit in Barcelona ein. So flogen wir und zwei weitere Freunde für die Hochzeit von Hannover, mit einem Zwischenstopp in Paris, nach Barcelona. Neben mir saß ein guter Freund, ein wahrer Flugveteran, der schon viele schöne Orte auf der Welt gesehen hatte. Für mich war es erst der zweite Flug in meinen Leben, doch neben ihm fühlte ich mich sicher.

Das Flugzeug rollte auf die Startbahn, startete die Turbinen und als wir abhoben, fielen wir zuerst in ein Luftloch. Dann ging es etwas weiter nach oben und wir fielen wiederum in ein Luftloch. Das Ganze wiederholte sich ständig. Ich meinte, es sei normal, doch als mein Freund mit kreidebleichem Gesicht zu mir sagte *Wir müssen hier raus, der Flieger kommt nicht hoch!* wurde mir ganz anders. Ab diesem Zeitpunkt saß ich hochgradig nervös im Flieger und jede noch so kleine Turbulenz verursachte Herzrasen. Als eine Stewardess bei einer etwas heftigeren Turbulenz dann noch mit dem Finger nach unten zeigte und mit ihrem Servierwagen nach hinten rannte, schloss ich schon mit meinem Leben ab. Kurz darauf lief dann noch der Copilot nach hinten zur Stewardess und betrachtete auf seinem Weg die Flügel. Als wir dann nach zwei Stunden und total wackeligem Flug in Barcelona landeten, küsste ich wie der Papst zuerst den Boden.

Das Wochenende in Barcelona und speziell die Hochzeitsfeier waren dann aber mehr als nur eine Entschädigung für diesen Horrorflug. Als wir aus der U-Bahn ausstiegen und im Zentrum von Barcelona standen, wurden wir vom schönsten Sonnenschein und gut gelaunten Menschen empfangen. Unser Hotel lag nur wenige Schritte von der U-Bahn entfernt. Wir trafen uns etwas später zur Vorbesprechung mit dem Brautpaar. Im Laufe des Abends ermahnte uns das Brautpaar mehrmals, die Hochzeitfeier sei erst am nächsten Tag, und wir sollten uns noch zurückhalten.

Wir verstanden sicherlich ihre gut gemeinten Ratschläge, doch begeistert von der Stadt und bei bestem Wetter tranken wir dann doch ein paar mehr Sangrias. So wurde die erste Nacht sehr lang und am nächsten Morgen auf dem Weg zur Hochzeitsfeier saßen wir alle mit flauem Magen im Taxi. Als wir beim Anwesen ankamen, stoppte das Taxi, einer von uns borgte noch einen Kugelschreiber vom Fahrer und wir bezahlten. Doch bevor wir aussteigen durften, verlangte der Taxifahrer seinen Kugelschreiber zurück. Sogleich gingen hitzige Diskussionen los, denn zum einen wusste keiner, wo Kugelschreiber sein könnte, zum anderen musste jeder an die frische Luft. So ging es ein paar Minuten hin und her, bis wir schließlich dem Taxifahrer etwas Geld für den Kugelschreiber gaben und endlich ausstiegen. Als wir dann draußen waren und das Taxi wegfuhr, zog der Kugelschreiberdieb ihn mit einem Lächeln aus seinem Jackett und meinte: *Man weiß ja nie, wann man einen Kugelschreiber gebrauchen kann.*

Nach ein paar Minuten Fußmarsch kamen wir am Anwesen an, und das Brautpaar mit Familie empfing uns herzlich. Das Anwesen war großzügig gebaut, und es gab unter anderem eine kleine Kirche und eine Stierkampfarena. Nach der Zeremonie machte ein Fotograf viele Fotos vom Brautpaar und den Gästen. Danach wurde gefeiert. In der Stierkampfarena machten die Hochzeitsgäste viele lustige Spiele, wie zum Beispiel, sich gegenseitig rohe Eier zuzuwerfen. Etwas später scheuchte noch ein kleiner Jungbulle ohne Hörner die Hochzeitsgäste durch die Arena. Doch einer von unseren Freunden blieb ganz cool in der Arena stehen und brüllte den Jungbullen an. Völlig verdutzt blieb der erst mal stehen, man sah ihm förmlich seine Verwirrung an.

Leider verging die Feier wie im Flug, doch wir tanzten und sangen bis in die frühen Morgenstunden. Von der Hochzeit, den freundlichen Menschen und der Stadt Barcelona war ich so angetan, das ich mir ein Leben dort, wenn auch nur für eine gewisse Zeit, gut vorstellen konnte.

Zurück in Deutschland erkundigte ich mich in meinem Fachbereich nach einem Auslandssemester in Barcelona. Die Verantwortliche für Studienplätze im Ausland machte mir aber nicht viel Hoffnung, denn es gab nur wenige Plätze, und mein Notendurchschnitt war nicht gerade der Beste. Doch ich bewarb mich dennoch um einen Studienplatz in Barcelona, und für meinen Fachbereich ergab sich nun eine glückliche Situation: Da die meisten Mitstudenten lieber vor dem PC saßen, als zu reisen, war ich der einzige Antragsteller. Somit wurde mein Versuch, wenn auch mit sehr geringen Chancen, belohnt. Die Diskussionen mit meinen Eltern über meine weiteren Pläne waren dann doch schwieriger, und ich brauchte viele Argumente, damit sie mich schließlich auch noch für die Zeit in Barcelona unterstützten.

Als Erstes schrieb ich mich an der Hochschule für den Studiengang *Spanisch* ein. Obwohl Fremdsprachen nie zu meinen Stärken gehörten, lernte ich für meine Zeit in Barcelona gerne Spanisch.

Nach gut drei Monaten fuhr ich dann mit meinem Auto nach Barcelona und übernachtete die erste Nacht bei den Eltern der Braut. Am nächsten Tag suchte ich mit dem Bruder der Braut nach einem Zimmer in der Stadt. Da ich noch nicht wirklich gut Spanisch sprach, führte er für mich die Gespräche, und nach ein paar Wohnungsbesichtigungen fanden wir ein WG-Zimmer für mich. Dort lebte ich dann zusammen mit einem Spanier aus Madrid und einem Norweger.

An der Universität empfing mich der Direktor und nach ein paar Sätzen zog er einen wunderschönen Vergleich: *Wenn ein Vogel von Spanien über Frankreich nach Deutschland fliegt, dann ist er danach immer noch ein Vogel, und das gilt ebenso für Menschen. In diesem Sinne: Willkommen an unser Universität von Barcelona.* Danach hatte ich noch ein paar Tage Zeit, die Stadt zu erkunden, bevor die Vorlesungen begannen. Auf dem Weg von meiner Wohnung zur Universität fand ich einen Platz, an welchem ich später jeden Tag meine kleine Pause machte.

Dann ging das Studium los. Während der ersten Vorlesung stellte ich mich halb auf Spanisch, halb auf Englisch den anderen Studenten vor. Nach der ersten Pause kamen mehrere Studenten förmlich auf mich zugerannt und wollten wissen, woher ich kam, was ich studierte und wie lange ich blieb. Als ich mich in Hannover einschrieb, hatten die anderen Studenten nicht mal Notiz von mir genommen. So knüpfte ich bereits am ersten Tag mehrere Kontakte zu anderen Studenten.

Das Leben in Spanien verlief auch ganz anders, als ich es aus Deutschland gewohnt war. Die Vorlesungen begannen teilweise erst um 13:00 Uhr, dafür ging es auch mal abends bis 22:00 Uhr. Auch an den Wochenenden begann das Leben erst spät in der Nacht und es ging teilweise bis zum kommenden Mittag.

Mit meinem norwegischen Mitbewohner lief ich auch immer gerne durch die Stadt und trank bei schönstem Sonnenschein ein paar Bierchen mit ihm. Da er Sprachen studierte, verstanden wir uns mit einem Mix aus Deutsch, Englisch und Spanisch problemlos. Zum Ende meiner Studienzeit in Barcelona träumte ich sogar auf Spanisch, auch wenn ich nie ein Sprachtalent war.

Wie die Hochzeit verging auch die Studienzeit im Barcelona wie im Flug, und nach sechs Monaten musste ich mich wieder auf den Heimweg machen. Mein Freund aus Stuttgart machte zur gleichen Zeit ein Auslandssemester in Marseille. Daher verabredeten wir, dass ich auf meinem Heimweg noch einen Abstecher dorthin machte. Nach mehrstündiger Fahrt in brüllender Hitze fragte ich an einer kleinen Tankstelle nach den Studentenwohnheimen von Marseille. Da ich kein Französisch sprach und der Mann von der Tankstelle kaum Englisch verstand, beschrieb er mir den Weg mit Händen und Füßen. Als ich dann wieder ins Auto einstieg, wunderte ich mich zuerst, warum der Mann die Tür von der kleinen Tankstelle immer wieder auf und zu machte. Als ich dann meine Nase unter meine Achsel drückte, wunderte ich mich nicht mehr.

Nach einer weiteren Stunde Fahrt traf ich dann meinen Freund, und wir verbrachten ein paar schöne Tage an der Mittelmeerküste. Es tat mir gut, mal wieder mit einem alten Freund zu reden. Nach knapp einer Woche machte ich mich endgültig auf den Heimweg.

Zu Hause angekommen, bescherte meine Familie mir einen herzlichen Empfang, und irgendwie war ich froh, mal wieder in den eigenen vier Wänden zu sein.

Nach einigen Tagen der Entspannung kam meine Mutter auf mich zu und sprach mich auf unsere Vereinbarung bezüglich Studium und Aushilfsjob an. Diesen Hinweis nahm ich mir wirklich zu Herzen, denn sie unterstützten mich zu jeder Zeit, auch während des Auslandssemesters. So suchte ich in verschiedenen Zeitungen nach einem neuen Aushilfsjob.

Eher zufällig fand ich eine Stellenausschreibung als Ausbilder für Umschulungsmaßnahmen zum Informatikkaufmann. Die Voraussetzung waren Kenntnisse aus dem Bereich *Wirtschaftsinformatik*, was ich ja studierte. Auch wenn ich nicht in jedem Fach eine Leuchte war, schrieb ich kurzerhand eine Bewerbung, und mein Versuch wurde belohnt. So bekam ich einen Vertrag für eine Halbtagsstelle. Manchmal muss man einfach zur richtigen Zeit am richtigen Ort sein.

Mein neuer Job musste natürlich gefeiert werden, daher fuhren wir am Wochenende nach Hannover zum Maschsee und feierten meinen Erfolg. Scheinbar stand mein

Leben an diesem Tag unter einem guten Stern, denn dort fand ich meine neue Freundin. Mit meinem neuen Job als Ausbilder leistete ich mir sogar eine schöne Wohnung in der Stadt, und etwas später zog meine Freundin bei mir ein.

Alles schien perfekt.

Der Absturz

Die neue Wohnung einzurichten machte mir richtig Freude. Ich besorgte ein paar neue Möbel, und meine Freundin dekorierte die Zimmer mit schönen Bildern und Pflanzen. Nachdem alles für uns passte, kamen unsere Freunde zur Besichtigung. Als sie so durch die Wohnung liefen, meinte einer, die Wohnung sei sehr schön, müsste nur noch nett eingerichtet werden. An unseren Gesichtern erkannte man gut, dass uns dieser Spruch ziemlich wurmte. Kurz darauf meinte er mit einem Lächeln: *Lieber einen Freund verlieren als einen guten Witz. Die Wohnung ist wirklich toll eingerichtet.*

Dann kam der Tag, als ich zum ersten Mal in meinen Leben als Ausbilder unterrichtete. Im schicken Anzug und mit einem Aktenkoffer ging ich zum Klassenraum, öffnete die Tür und marschierte zum Lehrerpult. Mann, war ich nervös! So stand ich nun da und sah die Schüler an, öffnete meinen Koffer und wollte mich am liebsten verstecken. Da es sich um eine Erwachsenenbildung handelte, waren die Schüler alle viel älter als ich. Dann packte mich der Mut, ich lief zur Tafel und begann mit einem Fach, in welchem ich mich sicher fühlte.

Nach der ersten Pause unterhielt ich mich mit einigen

Schülern, und diese Gespräche gaben mir Selbstvertrauen. So verlief der Unterricht von Stunde zu Stunde immer besser, und ich schloss den ersten Tag als Ausbilder mit einem guten Gefühl ab. Am zweiten Tag öffnete ich den Klassenraum schon mit mehr Selbstvertrauen und nach einer Woche fühlte ich mich richtig sicher.

Ein paar Wochen später begann das nächste Studiensemester, und ab diesem Zeitpunkt machte ich zwei Jobs. Morgens fuhr ich zur Hochschule und studierte, nachmittags unterrichtete ich als Ausbilder. Da meine Freundin zu dieser Zeit noch nach einer neuen Stelle suchte, saß sie oft alleine in der Wohnung. Daher verstand ich natürlich, dass sie etwas mit mir unternehmen wollte, sobald ich abends nach Hause kam. Allerdings fand ich abends kaum noch Zeit, meinen Unterricht gut vorzubereiten oder für mein Studium zu lernen. Schnell stellte ich fest, dass ein schlecht vorbereiteter Unterricht Unzufriedenheit bei den Schülern erzeugte. Daher versuchte ich morgens meinen Unterricht während der Vorlesungen vorzubereiten, und für mich selber galt: *Mut zur Lücke.* Da ich als Ausbilder noch keine Berufserfahrung hatte und sicherlich ein paar Fehler machte, wurde es immer schwerer, den Unterricht durchzuführen, und bald nutzten die Schüler meine Fehler aus. Zum Schluss kam noch der Chef der Umschulungsmaßnahme auf mich zu und meinte: *Sollte der Unterricht nicht besser werden, müssen wir einen anderen Ausbilder suchen.* Daher beschloss ich, mir abends wieder mehr Zeit zu nehmen, um guten Unterricht vorzubereiten.

Da meine Freundin immer noch keinen neuen Job hatte und ich mir abends nicht mehr so viel Zeit für sie nahm, gingen die ersten Streitereien wegen Kleinigkeiten los. Nun hatte ich innerhalb kürzester Zeit Krieg an allen Fronten. Im Studium kam ich mit den Vorlesungen nicht mehr hinterher, es wurde immer schwieriger, die Schüler zu unterrichten, und zu Hause musste ich mit meiner Freundin streiten. Ganz zum Schluss gab es sogar an den Wochenenden heftige Diskussionen, wenn ich mal meine Freunde besuchen wollte. So reduzierten sich die Kontakte zu meinen Freunden, und bald zählten noch Studium, Umschulungsmaßnahme und meine Freundin.

Die ständige Angst, meinen Job zu verlieren und das Studium nicht mehr zu schaffen sowie die Auseinandersetzungen mit meiner Freundin gingen nicht spurlos an mir vorüber. Da ich wegen des ständigen Stresses kaum noch die Zeit fand, in Ruhe zu essen, musste ich schon meinen Gürtel enger schnallen, um nicht die Hose zu verlieren. Langsam bekam ich auf der linken Seite leichte Magenschmerzen und hatte nun öfters einen Drang zur Toilette. Zuerst ging ich noch davon aus, dass dieser komische Magendruck irgendwann wieder weggehen würde, daher machte ich einfach weiter wie bisher, ging zur Hochschule, machte meinen Unterricht und versuchte abends die Probleme meiner Freundin zu lösen. Was mir ein wenig Hoffnung gab: Der Unterricht für die Umschulungsmaßnahme verlief wieder besser und die Schüler waren zufrieden. Auch mein Chef war mit meinen Resultaten einverstanden; somit brauchte ich mir über meinen Job erst mal keine Sorgen mehr zu machen.

Doch leider hatte ich meinen Körper zu lange vernachlässigt, denn nun setzten die ersten Durchfälle ein, und ich fühlte mich jeden Morgen schlapp und angeschlagen. Nach langer Zeit saß ich mal wieder mit meinen Freunden zusammen, trank aus Trotz ein paar Bierchen und berichtete von meiner unglücklichen Situation. Ich erinnere mich noch genau, wie ich zu ihnen sagte: *Schlimmer kann es ja nicht mehr werden.* Aber von wegen: Am nächsten Morgen fuhr ich wie gewohnt zur Hochschule, doch musste ich aus heiterem Himmel erbrechen. Das ständige Zwicken in der Magengegend, die Durchfälle und nun noch Erbrechen – das wurde mir dann doch zu viel. Ich vereinbarte einen Termin mit meinem Hausarzt für eine gründliche Untersuchung.

Da mehrere Blutwerte weit außerhalb des Normbereichs lagen, überwies mein Hausarzt mich ins Krankenhaus. Dort wurde als Erstes eine Magenspiegelung durchgeführt; allerdings konnten die Ärzte nichts Besonderes feststellen. Als Nächstes stand eine Darmspiegelung auf dem Plan. Nach der Untersuchung kam der Arzt mit schlechten Nachrichten zu mir: Es war *Colitis Ulcerosa* festgestellt worden, eine chronische Darmkrankheit, welche in Schüben mit ständigen Durchfällen verläuft; in manchen Fällen müsste sogar der Dickdarm entfernt werden. Der Facharzt verschrieb mir Medikamente, welche ich zur Behandlung meiner Darmkrankheit einnahm.

Nach ein paar Tagen wurde ich wieder aus dem Krankenhaus entlassen und machte wie zuvor mit meinen Jobs weiter. Da der Druck im Darm jedoch nicht nachließ, waren die Zäpfchen schneller wieder draußen, als mir lieb war. So verfehlten sie ihre Wirkung, und die Schmerzen sowie Durchfälle wurden täglich schlimmer. Doch ich versuchte, irgendwie mein Studium und meinen Job als Ausbilder zu meistern.

Eines Morgens machte ich mich auf den Weg zur Hochschule, verspürte wieder diesen Darmdrang, konnte es nicht mehr halten und machte in die Hose. Gedemütigt, traurig und zornig zugleich fuhr ich mit voller Hose wieder nach Hause. Für mich war nun klar, dass es so nicht mehr weiterging, und ich zog die Reißleine. Zuerst informierte ich meinen Chef, dass ich aus gesundheitlichen Gründen eine Auszeit nehmen musste. Danach informierte ich das Sekretariat der Hochschule, dass ich an keiner Vorlesung mehr teilnehmen könne. Zum Schluss erklärte ich meiner Freundin, dass ich mich erholen müsse, und zog wieder bei meinen Eltern ein.

Aus den ständigen Bauchschmerzen wurden bald richtige Bauchkrämpfe, und ich lag nur noch im Bett oder saß auf der Toilette. Da ich kaum noch aß und immer mehr an Gewicht verlor, war ich bald auf 43 Kilo runter, bei einer Körpergröße von eins zweiundsiebzig. Völlig verzweifelt und mit höllischen Schmerzen fuhr ich nochmals ins Krankenhaus zu dem Facharzt, welcher meine Krankheit behandelte. Ich erklärte, dass es mir trotz Medikamenten immer schlechter ginge und ich nur noch Durchfälle hätte. Da meinte er mit einem Lächeln: *Das gehört zu dieser Krankheit.*

Kurze Zeit nach dem Arztbesuch erbrach ich alles, was ich aß oder trank, und bekam auch noch Fieber. Schließlich konnten meine Eltern es nicht mehr mit ansehen und brachten mich in ein anderes Krankenhaus. In die Aufnahmestation wurde ich mit einem Rollstuhl eingewiesen, da ich ohne Hilfe nicht mehr laufen konnte. Während der ersten Untersuchung fragte die Ärztin nach meinen Beschwerden und welche Medikamente ich einnahm. Nach dieser Untersuchung wurde ich auf ein Krankenzimmer verlegt, erhielt andere Medikamente und hoffte auf baldige Genesung.

Die erste Nacht im Krankenhaus verlief aber genau wie

die letzten Wochen bei meinen Eltern. Die ganze Nacht musste ich mit Bauchkrämpfen zur Toilette, auch wenn nur noch eine hellbraune Flüssigkeit herauskam. Bei der ersten Visite ging der Stationsarzt mein Krankheitsbild durch und verordnete eine künstliche Ernährung, da ich mich schon im kritischen Zustand befand. Da ich aber panische Angst vor Spritzen hatte, wollte ich keine dicke Kanüle in meinem Arm. – Was wäre wohl passiert, wenn ich die künstliche Ernährung angenommen hätte? Wäre ich bald wieder gesund geworden oder war es unvermeidlich, was kurze Zeit später passierte? Wie wäre mein Leben wohl mit einer anderen Entscheidung verlaufen? Doch da keiner die Zeit zurückdrehen kann, lebe ich nun mit dieser Entscheidung.

So drehte ich mich halb wach im Bett umher, rannte immer wieder zur Toilette und wartete, bis die Krankenschwestern ins Zimmer kamen und ich einen Kamillentee bekam. Danach galt es wieder eine Position im Sitzen oder Liegen zu finden, damit die Bauchkrämpfe erträglich waren.

Über die Zeit im Krankenhaus kann ich nicht viel berichten, da die Tage immer nach dem gleichen Muster verliefen. Morgens trank ich einen Kamillentee, lief kurz zur Waage und kontrollierte mein neues Federgewicht. Danach lief ich auch schon wieder zur Toilette und suchte später eine Position im Liegen oder Stehen, um die Schmerzen zu ertragen. Als meine Freunde zu

Besuch kamen, waren sie sichtlich erschrocken, wie blass und dünn und ich mittlerweile aussah. Meine Arme und Beine waren nur noch Haut und Knochen, sogar meine Stimme war schon schwach und kaum zu verstehen. Eines Morgens hatte ich allerdings mal ein ganz anderes Erlebnis, als Kamillentee zu trinken oder zur Toilette zu laufen. Ein Mann, ich schätzte ihn auf 50 Jahre, wurde nach seiner OP in mein Zimmer verlegt. Als seine Narkose so langsam abklang, durchsuchte er im Halbschlaf die Schubladen neben seinem Nachtschränkchen. Etwas später holte er sein Handy aus der Schublade und fing an zu telefonieren. Als er fertig war, kamen wir ins Gespräch. Er berichtete mir zuerst von seinen Unternehmen und dass er gut 14 Stunden pro Tag arbeitete. Als wir uns dann über unsere Krankheiten unterhielten, erfuhr ich, dass es sein dritter Herzinfarkt sei. Als ich dies hörte, dachte ich mir, durch Stress eine chronische Darmkrankheit zu bekommen sei ja wahrlich ein Warnzeichen, aber drei Herzinfarkte wären dann wohl mehr als nur ein Wink mit dem Zaunpfahl.

Durch den wochenlangen Schlafentzug wurde mein Kopf schwer wie Blei, ich war hochgradig angespannt, und meine Bewegungen verliefen schon mit einer kleinen Verzögerung im Kopf. Als ich an einem Nachmittag im Aufenthaltsraum saß, legte ein Besucher eine Zigarettenschachtel auf den Tisch. Ich war sofort auf hundertachtzig und fuhr ihn an, das sei ein Krankenhaus, da herrsche Rauchverbot. Seine Antwort kam ebenfalls schnell und direkt: *Wer sagt denn, dass ich hier drin rauche?*

Im Krankenhaus muss ein Patient, außer gesund zu werden, nicht viel machen. Daher hatte ich viel Zeit, über alles, was so passierte, nachzudenken. Wie ging es mit meinem Studium weiter? Konnte ich meinen Job als Ausbilder behalten? Wie sollte ich nur die Rechnungen für meine Wohnung bezahlen, da ich seit Wochen nicht mehr arbeitete und somit kein Geld verdiente? All diese Gedanken und Ängste waren nicht gerade hilfreich für meinen Heilungsprozess. Auch wenn sich mein gesundheitlicher Zustand nicht viel verbesserte, wurde ich nach drei Wochen wieder aus dem Krankenhaus entlassen. Aber ich war froh, wieder zu Hause zu sein, denn dort hatte ich meinen Computer, meinen Fernseher und eine Toilette ganz für mich alleine.

Der Schock

Es vergingen drei Tage nach der Entlassung aus dem Krankenhaus. Abends saß ich in meinem Zimmer vor dem PC, und nebenbei lief der Fernseher. Auf einmal fühlte sich mein Kopf ganz ungewohnt an, daher ging ich lieber ins Bett und machte vorher noch den PC aus. Als ich versuchte, auch den Monitor auszuschalten, war es mir nicht möglich, meinen linken Finger zu bewegen. Zuerst dachte ich mir nichts dabei, benutzte einfach die rechte Hand und machte so den Monitor aus. Als ich dann von meinem Stuhl aufstand und zum Bett ging, fiel ich kerzengerade zu Boden. Als ich auf dem Boden lag, fluchte ich so vor mich hin und fragte mich, was das wohl sollte. Nach ein paar Minuten versuchte ich dann aufzustehen, doch bewegte mich nur noch kriechend auf dem Boden. Ich kann nicht sagen warum, aber in diesem Moment kam mir ein klassischer Western in den Sinn, wie ein Cowboy angeschossen wird und hinter einen Felsen kriecht. Nun versuchte ich, irgendwie wieder aufzustehen. Nach etlichen Versuchen fand ich tatsächlich einen Weg auf meinen Stuhl und machte wieder eine kurze Pause. Mittlerweile ging es mir immer schlechter, daher sammelte ich meine Kräfte, ging wieder in Richtung Bett und fiel diesmal direkt gegen meinen Kleiderschrank.

Meine Eltern schauten gerade im Wohnzimmer einen Film und hörten den Krach. Meine Mutter wollte mal nachsehen, was ihr Sohn so Wildes trieb. Als sie die Zimmertür öffnete, fand sie mich, wie ich halb im Kleiderschrank, halb auf dem Boden lag. Sekunden später stand mein Vater neben mir und legte mich ins Bett. Danach verfolgte ich noch ein Telefonat mit einem Notarzt und dass ich schnellstens ins Krankenhaus müsste. *Nicht schon wieder ins Krankenhaus*, versuchte ich noch zu meinen Eltern zu sagen, allerdings lallte ich wie nach zehn Bier.

Danach hatte ich kein Zeitgefühl mehr, versuchte zu schlafen; irgendwann saß ein Notarzt neben mir. Nach ein paar kurzen Tests legten er und seine Helfer mich auf eine Trage und schnallten mich fest. Das Treppenhaus unserer Wohnung war nicht unbedingt für größere Gegenstände gebaut, daher brauchte es einige Versuche, bis ich mit der Trage nach unten kam. Mit Blaulicht ging es dann ins Krankenhaus. Während der Fahrt bat mich der Notarzt meinen linken Arm zu bewegen, aber ich konnte es nicht. Erst da wurde mir bewusst: Ich hatte einen Schlaganfall!

In der Notfallstation angekommen, standen meine Schwester und mein Schwager schon neben mir und begleiteten mich auf dem Weg zur Untersuchung. Sie waren beide in diesem Krankenhaus tätig, daher halfen sie mit, wo sie nur konnten. In der ersten Untersuchung kam ich in eine CT-Röhre, und mit einem Riesenkrach untersuchten die Ärzte mein Gehirn. Nach dieser Untersuchung fragte ich ängstlich meinen Schwager, wie lange es wohl dauern würde, bis ich mich wieder bewegen könne. Er versuchte mich etwas zu beruhigen und meinte, solche Fälle seien immer unterschiedlich und es könne sich durchaus hinziehen. Meine Schwester unterhielt sich währenddessen mit den Ärzten, und anhand der ersten Diagnose gab es keine großen Hoffnungen auf eine baldige Genesung, da ein großer Bereich im Gehirn betroffen sei.

Danach kam ich auf die Intensivstation. Die Krankenschwester schloss mich an diverse Geräte an und legte noch eine Kanüle für eine Bluttransfusion. Zum Schluss befestigte sie die Kanüle mit einem Blutbeutel und stellte einen Hebel am Schlauch ein. Dabei bemerkte ich, dass der Hebel an Schlauch nicht ganz umgedreht wurde und somit kein Blut floss. Also versuchte ich die Schwester auf dieses Problem aufmerksam zu machen und sprach sie an. Allerdings fand ich kaum noch klare Worte, somit verstand sie mein Problem nicht und verließ etwas später den Raum. Sofort drückte ich auf den Alarmknopf und musste irgendwie das Problem erklären. Als die Schwester wieder neben meinem Bett stand und fragte, was passiert sei, sagte ich laut: *Schlauch, Schlauch, Schlauch.* Sie schaute mich fragend an, untersuchte dann nochmals die Kanüle, den Blutbeutel und legte den Hebel am

Schlauch nur ein kleines bisschen weiter um und ich sah, wie das Blut in den Schlauch floss.

Nun lag ich mit einem Schlaganfall auf der Intensivstation und merkte, wie mein klarer Verstand mich verließ; bald meldete sich meine chronische Darmkrankheit zurück. Nachdem ich wieder den Alarmknopf betätigt hatte, konnte ich es nicht zurückhalten und machte ins Bett. Zuerst machte die Krankenschwester mein Bett sauber, doch wegen des permanenten Darmdrangs bekam ich eine kalte Metallschüssel unter den Po gelegt. Diese traurigen Gefühle in diesen Momenten kann man kaum richtig beschreiben. Ich fühlte mich so elend und gedemütigt, spürte eine meiner Körperhälften nicht mehr, lag die ganze Zeit in einem nassen Bett und wusste nicht einmal mehr, was links und rechts bedeutete. – Was ich aber noch bis heute weiß: In dieser Nacht habe ich Gott um eine zweite Chance für ein ganz normales Leben gebeten!

Angeschlossen an etliche Geräte, döste ich im Bett so vor mich hin, als ich auf einmal ein leichtes Zucken im linken Zeigefinger spürte. Dies war der glücklichste Moment in meinem Leben und aus meiner Sicht ein Geschenk Gottes. Im Laufe des Tages konnte ich meinen linken Arm wieder bewegen und spürte mein linkes Bein. Dann bekam ich auch noch die richtigen Medikamente zur Behandlung meiner Darmkrankheit. So verbesserte sich mein gesundheitlicher Zustand von Tag zu Tag und nach einer Woche kam ich auf eine normale Krankenstation. Dort besuchten mich meine Schwester und mein Schwager und halfen mir damit sehr. Bald zeigten die neuen Medikamente Wirkung und die permanenten Bauchschmerzen wurden erträglicher. So schlief ich nach monatelangem Schlafentzug mal wieder für ein paar Stunden. Menschen, welche unter einer chronischen Darmkrankheit leiden, wissen, was es bedeutet, nicht mehr ständig auf die Toilette zu müssen.

Wie im Krankenhaus zuvor kam morgens eine Krankenschwester in unser Zimmer und bereitete das Frühstück zu. Als sie mich fragte, was ich gerne zu trinken hätte, sagte ich zu ihr: *Ich hätte gerne eine Tasse Kühlschrank.* Sie schaute mich halb fragend, halb lächeln an und fragte mich dann, ob ich Tee oder Kaffee trinken wolle, aber obwohl ich einen Kamillentee bestellte, sagte mein Mund etwas total anderes. Dieses Problem bekam ich erst nach Jahren in den Griff, doch wenn ich unter Druck gerate, vertausche ich selbst heute noch die Worte, ohne es gleich zu merken. Dieses Problem mit den falschen Worten nach meinen Schlaganfall versuchte ich mir wie folgt zu erklären: Man nimmt aus meinen Erinnerungen willkürlich Worte heraus und diese Lücken werden einfach durch andere ersetzt. Wenn ich also wie früher einen Tee bestellte, aber das Wort nun fehlte, wurde einfach ein anderes Wort genommen.

An dieser Stelle möchte ich mich ganz herzlich bei meinem guten alten Freund bedanken. Als er von meinem Schlaganfall erfuhr, unterbrach er sofort sein Studium und besuchte mich, sobald ich auf einer normalen Station im Krankenhaus lag. Da ich die Krankenzimmer nun zu genüge kannte, machten wir lieber einen Spaziergang um das Krankenhaus. Als wir so liefen und ich von den ganzen Vorkommnissen berichtete, überkamen mich die ganzen traurigen Gefühle, und ich weinte bitterlich. Aber er war in diesem Moment bei mir, und das war eine große seelische Unterstützung für mich. Damit man verstehen kann, was wahre Freunde im Leben bedeuten, habe ich ihnen ein eigenes Kapitel in meinem Buch gewidmet.

Dann begannen die ersten Therapien, noch im Krankenhaus. In der ersten Übung versuchte ich, eine Mutter auf eine Schraube zu drehen. Nach kurzer Zeit fragte mich die Therapeutin, ob ich schon versuchte zu drehen, da noch nichts passierte. Zu dieser Zeit spürte ich noch ein befremdendes Gefühl in der ganzen linken Seite, und die Finger gehörten noch nicht wirklich zu mir, daher war es noch nicht möglich, mit meinen linken Fingern die Schraube zu drehen. Als Nächstes legte die Therapeutin einen Kamm, eine Gabel, ein Messer, eine Scheibe Brot und etwas Butter auf den Tisch. *Mach mir mal ein Stück Brot mit Butter,* sagte sie zu mir. Also nahm ich das Messer in die linke Hand und bestrich die Scheibe Brot mit etwas Butter. *Toll gemacht. Und nun mach dich mal hübsch und kämme deine Haare,* meinte die Therapeutin. Mit einem Lächeln bewegte ich meine linke Hand in Richtung Kopf, doch sie hielt meinen Arm fest und sagte kein Wort. So verharrten wir für einen Moment in dieser Position, bis ich weiter versuchte, meine Haare zu kämmen. Die Therapeutin hielt wieder meinen linken Arm fest, nahm mir das Messer aus der Hand und sagte: *Der Kamm für die Haare liegt noch auf dem Tisch.* Es ist schon bitter zu erkennen, wie hilflos man ist, wenn der Verstand nicht mehr so funktioniert wie früher.

In der nächsten Therapiestunde zeigte mir die Therapeutin mehrere Bilder von Gegenständen, und ich sollte die Namen nennen. Die Namen für *Baum* oder *Sonne* wusste ich sofort und sagte sie auch korrekt. Dann sah ich ein Bild von einem Seepferdchen, aber mir fiel einfach kein Wort dazu ein. Wohl mehr aus Scham zuckte ich nur mit den Schultern und sagte, dass ich nicht wüsste, was es sei.

Während der morgendlichen Visite verschaffte sich der Chefarzt einen Überblick über die Diagnosen und Therapien für jeden Patienten. Als er meine Krankenakte besprach, kam er neben mein Bett und fragte, ob ich nach Hause wolle. *Ja!,* erwiderte ich. *Schön,* meinte der Chefarzt und stellte mir dann noch eine Frage: *Ein Mann erlitt einen Unfall, brach sich die Arme und Beine und lief zum Krankenhaus. Was stimmt hier nicht?* Zum einen konnte ich seinen Worten nicht so schnell folgen, zum anderen wusste ich nicht, was nicht stimmte. Daher entschied der Chefarzt, dass ich noch nicht entlassen werden konnte.

Am Nachmittag kam meine Schwester wieder zu Besuch, und ich sprach sie auf die Frage vom Chefarzt an. Sie erklärte mir in ruhigen Worten, ein Mann mit gebrochenen Armen und Beinen könne nicht laufen. Die Antwort meiner Schwester versuchte ich mir für die nächste Visite zu merken.

Am kommenden Montag kam der Chefarzt wieder zur Visite, stellte mir die gleiche Frage und ich gab die Antwort meiner Schwester. Nach einer kurzen Besprechung sagte der Chefarzt, dass er mich Ende der Woche aus dem Krankenhaus entlassen würde. – Ich war sehr glücklich, bald wieder im Kreis meiner Familie zu sein.

Wahre Freunde

An dieser Stelle ist es nun mein Herzenswunsch, dass ich meine Freunde explizit erwähnen möchte. Auch wenn ich sehr wahrscheinlich nur ein Buch in meinem Leben schreiben werde, habe ich mit meinen Freunden so viele schöne Momente geteilt, dass ich wiederum ein Buch mit Hunderten Seiten füllen könnte. Denn neben meiner Familie waren sie es, die mir immer wieder neuen Mut zusprachen und mich nach meinem Schlaganfall nie vergaßen. Da wir so vieles zusammen erlebten, möchte ich einfach ein paar Erinnerungen niederschreiben, wie sie mir gerade in den Sinn kommen.

Und weil ich gerade von Erinnerungen spreche, komme ich schon zu einem wunderbaren Moment in meinem Leben: Als ich nach meinem Schlaganfall noch auf der Intensivstation lag, trafen sich meine Freunde und überlegten, wir sie mir wohl am besten helfen könnten. So kamen sie auf die Idee, ein Heft mit dem Titel *Erinnerungen* zusammenzustellen. In diesem Heft schrieben sie für jeden Freund ein Kapitel, füllten es mit Bildern, beschrieben seinen Charakter und berichteten von schönen Momenten. Als ich dann wieder auf eine normale Station verlegt wurde, überreichten meine Freunde mir dieses Heft. Ich kann sagen, ich habe vor Freude geweint, und es hat sehr gut getan, dieses Heft zu lesen. Es hat bis zum heutigen Tag einen Ehrenplatz in meiner Wohnung und in meinen Herzen.

Doch was zeichnet denn unsere Freundschaft aus? Wir kennen uns mittlerweile über 25 Jahre und waren immer offen und ehrlich zueinander. Wenn mal etwas nicht in okay war, dann wurde es sofort angesprochen. Auch wenn es dann mal lauter wurde, am nächsten Tag haben sich die Wogen wieder geglättet. Einer von uns brachte dazu gerne den Spruch: *Pack schlägt sich, Pack verträgt sich.* Jeder von uns hat auch seine ganz speziellen Eigenschaften, das war wohl auch das Salz in der Suppe. Der eine ist zum Beispiel ein wahrer Pionier: Während andere nach einer Party noch im *Sauer* lagen, stand er morgens um sechs Uhr auf, erkundete die Stadt und trank gemütlich seinen Kaffee. Einen anderen konnte nichts aus der Ruhe bringen. Zum Beispiel während des Horrorfluges nach Barcelona wollte er noch ein Bier bestellen, als die Stewardess mit ihrem Servierwagen davonrannte. Meinen ältesten Freund habe ich schon des Öfteren erwähnt. Er ist stets freundlich und zuvorkommend, ein wahrer Gentleman, allerdings guten Scherzen nie abgeneigt. Des Weiteren sollte man beim Mittag in seiner Nähe nicht zu laut schmatzen, sonst geht er sofort an die Decke. Und ich ... nun, ich war wohl das nervöse Huhn, welches nie ruhig an einem Platz sitzen konnte. Doch sobald mir jemand ein Bier anbot, kam auch ich zur Ruhe. Ach Jungs, es macht mich gerade glücklich, über euch zu schreiben.

Drei von uns stammten aus meinem Dorf und der *Pionier*, den wir etwas später kennenlernten, lebte in der Stadt. Auch wenn es schon Jahrzehnte her ist, kann ich das erste Treffen in der Stadt mit dem *Pionier* genau beschreiben: Zuerst trafen wir uns in der Stadt in einem Café, später präsentierte er seine echt schöne Wohnung. Beim Rundgang fiel mir sofort ein Aquarium auf, welches vollständig von Algen befallen war. Ab und zu sah man an den Scheiben, wie die Fische die Algen abknabberten. Als er mir seinen Aufenthaltsraum zeigte, lachte ich herzhaft, denn zwischen dem ganzen Leergut fand ich eine Pfandflasche, welche es seit Jahren nicht mehr gab. Im Laufe des Abends sprach ich ihn öfters mit einem Lächeln auf sein Aquarium und das Leergut an. Als wir uns verabschiedeten, versprach er noch, das Aquarium zu säubern und das Leergut zu entsorgen. Zwei Wochen später verabredeten wir uns mit ein paar Freunden zum Grillen. Als ich in seiner Wohnung ankam, sah ich zwar ein sauberes, aber leeres Aquarium, und im Aufenthaltsraum war das ganze Leergut verschwunden. Er meinte, die Fische kamen wohl mit ihrer neuen Umgebung nicht zurecht und fielen quasi sofort tot um. Als wir etwas später auf dem Balkon gingen, um den Grill anzumachen, musste ich ziemlich schmunzeln: Das ganze Leergut aus dem Aufenthaltsraum war nicht verschwunden, sondern einfach auf den Balkon gestellt worden. Dazu meinte er nur: *Aus den Augen, aus dem Sinn.* Das Grillen an sich war dann auch noch speziell. Als ich seinen leeren Kühlschrank sah, fragte ich, was wir eigentlich grillen sollten oder noch besorgen müssten. Dazu meinte er ganz entspannt: *Ich mache den Grill klar, die Gäste bringen den Rest mit.*

Bei allem, was mit Spielen oder Wetten zu tun hatte, waren wir dabei. In einem Nachbarort wurde mal ein Pferderennen veranstaltet, und da man auch Wetten abschließen konnte, fuhren wir natürlich hin. Die Rennbahn war schlicht und einfach, doch wir waren ja zum Wetten und vielleicht zum Gewinnen da. Ich schaute mir alles an und wählte kurz entschlossen die zweithöchste Quote. Etwas später kamen dann die Pferde auf die Bahn und liefen sich ein. Dann kam ein Jockey auf die Bahn, den ich aus der Ferne auf 90 Kilo schätzte, das Pferd hing regelrecht durch. Erst wollte ich noch einen doofen Witz machen, doch als ich dann seine Startnummer sah, bekam ich kein Wort mehr raus – auf den hatte ich gewettet! Also diesen Tipp konnte ich vergessen und stand dann etwas gelangweilt an der Rennbahn. Dann erfolgte der Start und ich wollte meinen Augen kaum trauen, denn mein Pferd ging ab wie eine Rakete. Nach den ersten hundert Metern war es schon über drei Längen in Führung. Sofort war ich wieder im Rennen mit meinem Tipp und feuerte mein Pferd an. In der vorletzten Kurve und klar in Führung wollte ich dann wieder meinen Augen kaum trauen, denn das Pferd war total kaputt und hörte auf zu laufen.

Wie gesagt, ich könnte noch Hunderte von schönen und lustigen Geschichten über meine Freunde erzählen.

Der graue Alltag

Nun möchte ich meiner Schwester ein sehr großes Kompliment machen, denn sie setzte alles daran, dass ich nach meinem Krankenhausaufenthalt eine gute Therapie erhielt. Einen Tag nach der Entlassung aus dem Krankenhaus fuhr sie mit mir zu einer angesehenen Reha-Klinik. Dort angekommen schilderte sie den Ärzten meinen Krankheitsverlauf und bat um eine schnellstmögliche Aufnahme. Die Ärzte meinten, dass urlaubsbedingt nur ein paar Therapeuten zur Verfügung stünden und eigentlich keine neuen Patienten aufgenommen würden. Meine Schwester wurde sichtlich zornig und erklärte mit lauten und klaren Worten, nach so einem Schicksalsschlag bräuchte ein junger Mann Hilfe. Ich war ganz gerührt über diesen Einsatz, wobei die Ärzte wohl nie mit so einer Reaktion gerechnet hätten. Also besprachen sie nochmals ihre Möglichkeiten und schließlich nahmen sie mich in ihrer Reha-Klinik auf.

Am nächsten Morgen fuhr meine Mutter mit mir hin und schon begann ich mit den ersten Therapien. Meine Mutter wartete so lange im Café, bis wir uns um 12:00 Uhr in der Kantine zum Mittag trafen. Da das neue Medikament gegen meine chronische Darmkrankheit einen hohen Anteil an Kortison enthielt, bekam ich ständig

Hunger. In meiner körperlichen Verfassung war es ein toller Nebeneffekt, denn so nahm ich langsam an Gewicht zu. Nach dem Essen ging es mit den Therapien weiter und am späten Nachmittag fuhren wir wieder nach Hause.

So verliefen die ersten Wochen in der Reha nach dem gleichen Muster, bis ich mich sicher genug fühlte und alleine mit Bahn und Bus hinfuhr. Als ich eines Morgens an der Bushaltestelle auf den Bus wartete, sah mich eine ehemalige Mitschülerin und kam auf mich zu. Ich wurde sogleich nervös, wusste nicht, was ich sagen könnte, und flüchtete mehr oder weniger in den heranfahrenden Bus. Viele Jahre später liefen wir uns wieder über den Weg und unterhielten uns über die Situation an der Bushaltestelle, und ich beschrieb meine damalige körperliche und seelische Verfassung.

An einem anderen Tag, auf dem Weg zur Reha, saß ich im Zug und spürte auf einmal meinen linken Arm nicht mehr. Die Erinnerungen nach dem Schlaganfall kamen sofort wieder hoch. Als ich den Zug verließ, lief ich fast panisch durch die Gegend, auf der Suche nach Hilfe. Es dauerte eine Weile, bis ich mich wieder beruhigt hatte und dann weiter zur Bushaltestelle ging. In der Reha-Klinik angekommen, berichtete ich den Ärzten von diesem Vorfall mit dem eingeschlafenen Arm und machte anschließend meine Therapien. Danach passierte nicht mehr viel und die Tage wurden wieder zur Routine. Morgens fuhr ich mit Bahn und Bus zur Reha, und abends zu Hause angekommen, bereitete meine Mutter das Essen für mich. Danach saß ich in meinem Zimmer vor dem PC oder Fernseher.

Doch einmal erlebte ich – wie im Krankenhaus mit dem Mann und seinen drei Herzinfarkten – etwas Neues auf dem Weg zur Reha. Im Bus stieg ein Kontrolleur ein und überprüfte unsere Tickets. Als ich ihm mein Ticket zeigte, schüttelte der Kontrolleur nur den Kopf und meinte, dies sei ein Zugticket, aber kein Busticket. Wie schon erwähnt, sobald ich unter Druck geriet, fand ich kaum noch die richtigen Worte und sagte nur: *Gehe zur Reha.* Doch den Kontrolleur interessierte das herzlich wenig und er gab mir mit ein paar kurzen Worten einen *Strafzettel.* Zurück bei meinen Eltern schilderte ich die Situation mit dem Kontrolleur. Obwohl ich das falsche Bahnticket gekauft hatte, fragte meine Mutter beim Busunternehmen nach, ob man so kranke Menschen behandelt.

Für meine Eltern war die Zeit nach den ganzen Schicksalsschlägen wahrlich nicht einfach. Unsere Gespräche beschränkten sich meistens auf meine gesundheitlichen Probleme, und sie fragten sich immer wieder, wie es so weit kommen konnte. Doch sobald ich mich aufregte, bekam ich wieder sprachliche Probleme, verwechselte viele Wörter und daher verzog ich mich lieber in mein Zimmer.

Es gibt ja den Spruch *Ohne Moos nichts los*. Seit Monaten wohnte ich mittellos bei meinen Eltern und an dieser Situation sollte sich so schnell nichts ändern. Daher beantragte meine Mutter bei verschiedenen Ämtern eine finanzielle Unterstützung. Auch überprüfte sie mit einem Anwalt meinen Krankheitsverlauf, warum ich so spät die richtigen Medikamente zur Behandlung meiner chronischen Darmkrankheit bekam. Die Antworten der Ämter waren ernüchternd, denn solange ich bei meinen Eltern wohnte, bekam ich keine finanzielle Unterstützung. Von einem Gerichtsprozess riet die Krankenkasse nach einigen Monaten ab, da laut ihrem Gutachten der behandelnde Facharzt zwar fahrlässig, aber nicht grob fahrlässig gehandelt habe und somit keine ausreichenden Erfolgsaussichten für eine Klage bestünden.

So galt es für mich gesund zu werden, damit ich irgendwann eine neue Arbeitsstelle finden konnte.

Bei meiner Schwester, Mutter von drei Töchtern, gab es fast täglich Action im Haus, und ohne wäre sie fast unzufrieden. Daher bewunderte sie mich oft und versuchte zu verstehen, warum ich über Monate so ruhig blieb, auch wenn mein neues Leben sich nur noch in der Reha-Klinik oder in meinem Zimmer abspielte. Daraufhin stellte ich meiner Schwester die Frage: *Was ändert sich an meiner Situation, wenn ich mit Selbstmitleid täglich unzufrieden durch das Haus laufe? Nichts, dadurch ändert sich gar nichts, daher akzeptiere ich alles, wie es ist, und schaue nur noch nach vorne.*

Damit ich meine Sprachfehler in den Griff bekam, überwies mich mein Hausarzt zu einem Zentrum für Sprachtherapien. Es lag ziemlich im Grünen, und dort spürte ich irgendwie eine innere Ruhe. Am Eingang der Rezeption empfing mich ein Therapeut und wir gingen zusammen zum Therapieraum. Dort saßen bereits zwei weitere Patienten in einem kleinen Stuhlkreis, und ich setze mich dazu. Dann begrüßte der Therapeut uns herzlich zu dieser Therapiestunde, erläuterte, wie die Sitzung ablaufen würde, und bat mich, als Erster meine sprachlichen Probleme zu beschreiben. Ich erzählte, wie ich durch viel Stress krank geworden war und Monate später einen Schlaganfall erlitt. Der Therapeut blieb für ein paar Sekunden still, schaute mich etwas fragend an und wollte dann wissen, was meine Sprachstörungen wären. Ich erklärte, dass ich unter Nervosität oder Hektik viele Worte verwechselte und somit keine klaren Sätze mehr sprechen konnte. Der Therapeut bedankte sich für meine Antwort und bat dann die andere Patientin ihre Probleme zu schildern. Als die junge Frau begann, verstand ich auf Anhieb, warum der Therapeut mich vorher etwas fragend angeschaut hatte. Die junge Frau konnte nur ein bis zwei Worte stottern und von einem anderen Patient hörte man nur noch ein paar Laute, gar keine

Worte mehr. Nach dieser Besprechung kam der Therapeut zu mir und meinte, diese Therapie wäre nicht das Richtige für mich, und dem konnte ich nur zustimmen.

Auf dem Weg nach Hause fiel es mir dann wie Schuppen von den Augen, und ab diesem Zeitpunkt bedauerte ich nie mehr, was ich verlor, sondern freute mich über das, was ich noch hatte.

Durch das kortisonhaltige Medikament erholte ich mich körperlich von Woche zu Woche und erlangte bald mein altes Gewicht zurück. Daher begann ich in unserem Anbau mit leichten Fitness-Übungen und baute ein paar Muskeln in meinen dünnen Armen auf. Mit der Feinmotorik in der linken Hand gab es aber kaum Fortschritte; sobald ich versuchte, ein paar Worte zu schreiben, verkrampfte kurz darauf die Hand und ich konnte den Kugelschreiber nicht mehr bewegen. Aber am nächsten Tag schrieb ich dann wieder ein paar Worte, bis die Hand verkrampfte, und machte noch ein paar Übungen mit den Hanteln. Wenn auch langsam, kam ich in kleinen Schritten von Woche zu Woche weiter voran.

Abends saß ich die meiste Zeit in meinem Zimmer, schaute fern und las die E-Mails meiner Freunde. Ihre Nachrichten las ich immer mit einem lachenden und einem weinenden Auge, denn zum einen freute ich mich für meine Freunde, wie sie feierten, neue Leute kennenlernten und quer durch Europa reisten, auf der anderen

Seite aber machten mich ihre E-Mails zugleich sehr traurig, denn ihre Möglichkeiten waren mir verwehrt, und so verpasste ich einen Teil meines Lebens.

Nach mehr als einem Jahr besuchte ich mal wieder einen Freund in der Stadt, und wir unterhielten uns über die guten alten Zeiten. So verbrachten wir einen tollen Abend, und als ich wieder nach Hause kam, lagen meine Eltern schon im Bett und schliefen. Da ich hungrig war, suchte ich in der Küche nach etwas zum Essen, aber fand nichts Leckeres. Dann ging ich in den Keller und entdeckte im Regal eine Art Fleischragout in einer etwas älteren Pfanne. Davon schob ich eine Portion in die Mikrowelle und drückte auf den Startknopf. Nach ein paar Sekunden platzte das Fleischragout in der Mikrowelle förmlich auseinander und machte einen riesigen Krach. Schnell drückte ich auf den Stoppknopf, um meine Eltern nicht zu wecken. Nun versuchte ich das Fleisch auf dem Herd bei mittlerer Hitze in einer Pfanne zu braten, aber auch dieser Versuch schlug fehl, und das Ragout platze wieder auseinander. Nun reichte es mir mit diesem Krach und ich beschloss, es lauwarm zu essen. Ich füllte eine Portion auf einen Teller. Die Stücke waren sehr groß, daher schnitt ich mit viel Kraft das erste Stück auseinander und aß den ersten Bissen. Irgendwie schmeckte es total fade und ich musste ewig kauen, bis ich das erste Stück herunterschlucken konnte. Das zweite aß ich dann mit etwas Ketchup, aber auch so schmeckte es nicht viel besser. Nach dem dritten Stück gab ich dann auf und ging hungrig ins Bett.

Am nächsten Morgen kam meine Mutter zu mir ans Bett und fragte grinsend, ob ich gestern Abend noch etwas zu essen gemacht hätte. Ich erzählte von dem Ragout. Meine Mutter fing an zu lachen und meinte, das wären Schweineherzen für die Katze gewesen. Ich wusste nicht, ob ich mitlachen oder lieber gleich zur Toilette rennen sollte.

Die Wende

Mittlerweile war schon ein Jahr seit meinem Schlaganfall vergangen, und fühlte mich körperlich wie geistig gefestigter. Da ich als Student und Dozent ja im Lernprozess war, befand sich mein Gehirn immer noch in einer Art Lernphase, daher kamen mit der Zeit die alten Erinnerungen zurück. Sprachlich fühlte ich mich auch wieder besser und erkannte im Nachhinein falsch gesagte Worte. Doch trotz der ganzen Fortschritte schlich sich bei uns zu Hause ein neues Problem ein: Sobald ich mit meinen Eltern über ein Thema diskutierte und etwas falsch verstanden wurde, dann lag es aus ihrer Sicht natürlich an meinen sprachlichen Problemen, doch ich war fest davon überzeugt, dass ich richtig lag. So entwickelte sich für mich eine innerliche Zerreißprobe: Verstand ich es wirklich falsch oder hatten meine Eltern etwas falsch verstanden und ich hatte doch recht?

Damit sich mein Leben nicht nur in der Küche oder in meinem Zimmer abspielte, überlegte ich, welche beruflichen Möglichkeiten sich noch boten. Suchte ich lieber nach einer einfachen Tätigkeit oder bestand noch Hoffnung, mein Studium abzuschließen? Da nur noch zwei

Prüfungen und die Diplomarbeit ausstanden, fuhr ich kurz entschlossen zur Hochschule und führte ein Gespräch mit einem Professor aus meinem Fachbereich. Ich schilderte meine gesundheitlichen Defizite, dass ich unter anderem meine linke Hand kaum einsetzen konnte und ob eine Möglichkeit bestand, meine letzten zwei Prüfungen am PC zu schreiben. Der Professor ging meine Leistungsnachweise durch und akzeptierte meine Bitte. So konnte ich die zwei Prüfungen am PC schreiben. Zum ersten Mal in meinen Leben freute ich mich aufs Lernen, und nach mehr als einem Jahr nahm ich mein Studium wieder auf.

Die erste Vorlesung zum Thema *Lineare Optimierung* werde ich nie vergessen. Der Professor beschrieb ein Problem zur linearen Optimierung und fragte, wie man diese Gleichung wohl richtig beschreiben würde. Ich verspürte irgendwie den Drang etwas zu sagen, meldete mich und sagte: $a^2 + b^2 + c^2$. Von links und rechts hörte ich im Hörsaal lautes Gelächter, doch der Professor überspielte mit Geschick und Routine meine völlig falsche Aussage. Danach sagte ich zu mir: *Halt den Mund, selbst wenn du das Gefühl verspürst, etwas zu sagen zu haben.* So ging ich täglich zu den Vorlesungen und versuchte so viel wie möglich zu verstehen, auch wenn ich dem Unterricht kaum folgen konnte.

Nach drei Monaten standen dann die letzten zwei Prüfungen bevor. Für mich war es auch der Tag der Wahrheit, denn nur wenn ich die zwei Prüfungen bestand, konnte ich mit meiner Diplomarbeit beginnen. Die Aufgaben der Prüfungen waren für mich sehr schwer, da ich einige Fragestellungen einfach nicht verstand und somit nicht beantworten konnte. So verließ ich den Raum nach den Prüfungen immer mit einem mulmigen Gefühl und akzeptierte innerlich fast das Scheitern meines Studiums.

Nach den Prüfungen begannen die Semesterferien und ich musste drei Monate auf die Ergebnisse warten. Fast täglich beschäftigte ich mich mit dieser Frage, ob ich mein Studium abschließen konnte.

Dann war es soweit. Als die Vorlesungen vom nächsten Semester begannen, bekam ich zuerst die Ergebnisse der letzten Prüfungen. Entweder hatten die Professoren etwas Mitleid mit mir oder ich hatte einfach das notwendige Glück, denn die letzten zwei Prüfungen bestand ich jeweils mit der Note 4.

Ironie des Schicksals: Für meine Diplomarbeit hatte ich ein Thema aus dem Bereich *Krankenhaus* gewählt. Somit hatte ich zu meiner Diplomarbeit ein ganz besonderes Verhältnis, denn in vielen Momenten spürte ich meine eigenen Erlebnisse wieder.

Zu Beginn analysierte ich die OP-Abläufe im Krankenhaus und dokumentierte meine Ergebnisse. Dabei sah ich weniger die reinen OP-Zahlen, sondern mehr die Patienten und das Leid, das sich dahinter verbarg. Auch wenn meine Diplomarbeit holprig begann, schrieb ich von Woche zu Woche bessere Sätze. So füllten sich die Seiten, und nach einem halben Jahr lag die fertige Arbeit auf unserem Küchentisch.

Nun fuhr ich noch einmal zur Fachhochschule. Als Letztes stand eine mündliche Prüfung zur Diplomarbeit an, die mich auf eine harte Probe stellte, aber ich schloss mit der Gesamtnote 2 ab. Mann, war ich stolz!

Da ich eine zweite Chance auf ein normales Leben erhielt, lernte ich auch Erfolge dementsprechend zu genießen und rannte nicht mehr von einem Ziel zum anderen. Daher nahm ich mir die Zeit, die ich brauchte, und suchte dann mit frischer Energie nach einer neuen Arbeitsstelle.

In meinem ersten Bewerbungsschreiben erwähnte ich wahrlich blauäugig, dass ich mein Studium nach meinem Schlaganfall abgeschlossen hatte. Die Quittung für meine Ehrlichkeit bekam ich prompt in Form von Standardabsagen: *Vielen Dank für Ihre Bewerbung, leider müssen wir Ihnen mitteilen ...* Danach formulierte ich mein Bewerbungsschreiben um und erwähnte nicht gleich zu Beginn meine Krankheitsgeschichte. Doch auch hier blieb ich erfolglos. Auch wenn ich immer meine zweite

Chance im Hinterkopf behielt, bröckelte mein Selbstvertrauen mit jeder weiteren Absage. Da ich bald jedes Unternehmen in meiner Region angeschrieben hatte, erweiterte ich den Radius meiner Jobsuche.

Nach einem halben Jahr und Hunderten von Absagen erhielt ich tatsächlich die erste Einladung zu einem Vorstellungsgespräch. Das Unternehmen lag gut 200 Kilometer von meinem Heimatort entfernt, daher fuhr ich mit der Bahn hin. Im Empfangsraum warteten schon mehrere Bewerber, viele von ihnen in meinem Alter und jünger. Dann kam der Personalchef des Unternehmens, und wir gingen zu einem Konferenzraum mit mehreren Tischen und Stühlen. Als jeder saß, erörterte der Personalchef die schriftlichen Aufgaben. Sofort waren all meine Hoffnungen zerstört, da ich handschriftlich kaum einen Satz schreiben konnte, ohne dass meine Hand verkrampfte. Somit akzeptierte ich diese Niederlage, ging zum Personalchef, erklärte meine gesundheitlichen Defizite und fuhr ziemlich enttäuscht wieder nach Hause.

Aber ich schrieb fleißig neue Bewerbungen, in der Hoffnung auf ein weiteres Vorstellungsgespräch. Es dauerte wiederum ein paar Monate, bis ich eine neue Chance erhielt. Für diese Stelle wurde ein zweitägiges Assessment-Center durchgeführt, eine Prüfungsart, welche ich vorher nicht kannte. Sofort schöpfte ich neue Energie und bereitete mich so gut wie möglich auf das Assessment-Center vor.

Am ersten Tag gab es erfreulicherweise keine handschriftlichen Tests, und in den Aufgabenstellungen ging es mehr um Teamarbeit. Beim Abendessen saßen die Bewerber mit Leuten aus der Unternehmensführung zusammen und unterhielten sich über aktuelle Themen. Ich hielt mich eher bedeckt, damit ich während der Gespräche keine Fehler machte.

Am zweiten Tag simulierten die Prüfer eine Konfliktsituation während der Projektarbeit zwischen zwei Personen. Ein Bewerber musste mit einem Prüfer während eines Gesprächs das Problem zwischen diesen Personen erkennen und schlichten. Als ich an der Reihe war, versuchte ich natürlich, meine Aufgabe so gut wie möglich zu lösen. Nachdem jeder Bewerber ein Konfliktgespräch geführt hatte, saßen die Prüfer zusammen und besprachen anschließend ihre Ergebnisse mit jedem Bewerber. Meine Bewertung traf mich schon härter, da die Prüfer meinten, sie hatten Mühe gehabt, mich während des Konfliktgesprächs zu verstehen. Somit fuhr ich wie mal wieder enttäuscht nach Hause, und meine Hoffnung auf eine neue Arbeit verschwand mehr und mehr.

Natürlich schrieb ich weiterhin Bewerbungen, auch wenn ich schon fast routinemäßig meine Absagen entgegen nahm.

An einem Freitagabend wollte ich mal hören, wie es meinem guten alten Freund aus Stuttgart ging, und rief auf seinem Festnetztelefon an. Es dauerte ziemlich lange, bis er den Hörer abnahm und meinte: *Da hast du aber Glück, ich wollte gerade raus, mein Zimmer vermieten.* Während des Gesprächs erfuhr ich, dass er für seine Doktorarbeit nach Barcelona zog. Zuerst scherzte ich und meinte, dass ich eine gute Wahl als Untermieter wäre. Danach ging es ein paarmal hin und her, bis wir uns etwas näher über diese Möglichkeit unterhielten. Diese Idee besprach ich noch am gleichen Abend mit meinen Eltern, und wir kamen ziemlich schnell zu dem Schluss, dass es einen Versuch wert wäre, denn nach über zweihundert Absagen wollte ich mein Glück nun in Stuttgart und Umgebung versuchen. Ich war sehr dankbar, dass meine Eltern mir auch diese Chance boten.

Nun vermietete mein Freund mir also sein Zimmer und ich lebte nach zwei Jahren mal wieder in einem neuen Umfeld.

An dieser Stelle möchte ich erwähnen, dass dieses eine Gespräch und meine Entscheidung, nach Stuttgart zu ziehen, mein Leben entscheidend veränderte, daher möchte ich meinen Lesern den Mut zur Veränderung nahelegen.

Zwei Wochen später ging es mit einem Koffer und etwas Taschengeld per Bahn nach Stuttgart. Die anderen

Mitbewohner kannte ich schon von früher, und somit brauchte ich keine Eingewöhnungszeit. Nach zwei Jahren sprach ich auch mal wieder über ganz andere Themen und nicht mehr nur über Krankheiten. Durch die vielen Gespräche fühlte ich mich sprachlich von Woche zu Woche besser. Da ich nun in Stuttgart wohnte, meldete ich mich zuerst beim Arbeitsamt an, und da ich seit Längerem keine Arbeit hatte, wurde ich ans Sozialamt verwiesen – aber ich durchsuchte weiterhin die Stellenanzeigen und schrieb Bewerbungen.

Mit der Zeit kam auch das Interesse an Frauen zurück. Mit einem Mitbewohner ging ich in eine nette Bar und es war ein tolles Gefühl, mal wieder unter Leuten zu sein. Gegen Abend kam ich mehr zufällig mit einer charmanten Frau ins Gespräch, und wir unterhielten uns und lachten viel. Nach ein paar Stunden brachte sie mich mit ihrem Auto nach Hause und wir verabredeten uns für einen Brunch. Am Morgen darauf trafen wir uns in einem kleinen Restaurant; dabei fiel mir ein interessanter Ring an ihrem Finger auf, und ich sprach sie darauf an. Sie erzählte mir dann, dieser Ring gehöre zu einem exklusiven Klub. Als ich dies hörte, erwähnte ich lieber nicht, dass ich zum Klub Sozialamt gehörte. Da hier zwei Welten aufeinandertrafen, machte ein näherer Kontakt keinen Sinn.

Als Nächstes versuchte ich eine nette Frau über eine Single-Plattform kennenzulernen. Meine ersten Versuche verliefen wie bei meinen ersten Bewerbungen sehr holprig, aber ich lernte dazu, und nach ein paar Wochen erhielt ich die erste Antwort. Zuerst schrieben wir uns, und etwas später tauschten wir unsere Telefonnummern aus. Dann unterhielten wir uns über Freizeitaktivitäten, Sport und was wir so beruflich machten. Ich erwähnte, dass ich seit ein paar Wochen in Stuttgart lebte und eine neue Arbeit suchte. Wie es der Zufall so wollte, war sie im Personalbereich eines Großkonzerns im Einzelhandel tätig und suchte gerade einen Wirtschaftsinformatiker. Da das ja genau mein Fachbereich war, schickte ich ihr meine Bewerbungsunterlagen, und nach ein paar Tagen erhielt ich tatsächlich eine Einladung zum Vorstellungs-gespräch. Im Gegensatz zu den letzten Vorstellungsge-sprächen war ich diesmal kaum nervös und beantwor-tete die Fragen so gut und ehrlich wie möglich. Mit ei-nem guten Gefühl fuhr ich nach Hause.

Ein paar Tage später erhielt ich einen Brief von der Personalabteilung. Der Brief enthielt vom Gewicht sehr wahrscheinlich nur eine Seite, und als ich ihn öffnete und die ersten Zeilen las, kamen mir sofort die Tränen. Nach all den Rückschlägen und Absagen erhielt ich dies-mal eine schriftliche Zusage für eine neue Arbeitsstelle. Diese frohe Botschaft teilte ich sofort meinen Eltern mit – ihre Freude kann ich kaum in Worten fassen.

Noch ein Hinweis an meine Leser: Manchmal muss man sein Glück einfach erzwingen oder zur richtigen Zeit am richtigen Ort sein.

Der steinige Weg nach oben

Ich hatte noch drei Wochen Zeit bis zu meinem ersten Arbeitstag. Eines Abends schaute ich einen Spielfilm, und während der Pause präsentierte ein Hersteller sein *Auto des Jahres*. Da meine neue Arbeitsstelle mehr als eine Stunde von meiner Wohnung entfernt lag und meine Eltern mein Auto während meiner Krankheit verkauft hatten, informierte ich mich am nächsten Tag bei einem Autohändler über dieses Auto, auch wenn ich keinen Euro besaß. Nachdem mir der Wagen präsentiert worden war, unterhielten wir uns im Büro über mögliche Kaufoptionen. Da es sich um einen Neuwagen handelte, lag die Lieferzeit bei sechs bis acht Wochen. Da ich bereits in drei Wochen ein Auto brauchte, fragte ich nach dem Vorführwagen – der stand auch zum Verkauf. Als ich dann meinte: *Dann nehme ich den Vorführwagen,* sagte der Händler mit einem Lächeln: *So einfach habe ich auch noch keinen Neuwagen verkauft.* Da ich weder eine Anzahlung noch sonst etwas leisten konnte, unterschrieb ich einen dreijährigen Ratenvertrag.

Nun war ich wieder mobil, und die Zeit bis zum ersten Arbeitstag verging wie im Flug.

Mein neuer Vorgesetzter stellte mir am ersten Tag meine neuen Kollegen vor und zeigte die Räumlichkeiten. Danach unterhielten wir uns im Detail über seinen Fachbereich *Controlling* und welche Aufgaben ich übernehmen sollte.

Nach einer Einarbeitungsphase erledigte ich meine Aufgaben selbstständig und machte durchaus den einen oder anderen Fehler. Sobald ein Kollege mich auf einen Fehler aufmerksam machte, suchte ich mehr aus Unsicherheit nach Ausreden, somit waren die ersten Wochen für alle Beteiligten nicht ganz einfach. Neue Aufgaben verstand ich nicht auf Anhieb, fragte des Öfteren nach und reagierte teilweise etwas ungehalten. Wenn ich nun zurückblicke, musste ich den Umgang mit neuen Kollegen erst noch erlernen, was aber keine Ausrede für mein Verhalten sein soll.

Es gibt ja den Spruch *Wer Wind sät, wird Sturm ernten*, daher bekam ich durch mein Verhalten bald große Probleme mit einer Kollegin. Wie ich bereits erwähnte, machte ich den einen oder anderen Fehler im monatlichen Report, und diesen kontrollierte meine Kollegin genauestens. Sobald sie einen Fehler fand, sprach sie mich sofort darauf an und setzte mich ziemlich unter Druck. Doch sobald ich unter Druck geriet, machte ich neue Fehler, und bald entwickelte sich ein Teufelskreis. Meine Unsicherheit und Fehler nutzte meine Kollegin geschickt aus, verteilte bald immer neue Aufgaben, und ich fand nicht den Mut *Nein* zu sagen. Damit ich irgendwie diesen Teufelskreis durchbrechen konnte, fuhr ich jeweils schon am Wochenende ins Büro und überprüfte nochmals alle Berichte. Doch selbst, als ich meine Aufgaben fehlerfrei abschloss, suchte meine Kollegin immer nach neuen Schwachpunkten und setzte mich weiter unter Druck. Diesen ständigen Druck spürte ich bald in der Magengegend, und dies war der Zeitpunkt, dass sich etwas ändern musste. Daher schrieb ich neue Bewerbungen, in der Hoffnung, dass ich eine andere Stelle fand, um diesem Druck zu entfliehen.

Doch nun half mir Kollege Zufall: Eines Morgens kam meine Kollegin ins Büro und teilte meinem Vorgesetzten mit, dass sie schwanger sei und in ihre alte Heimat zurück wolle. Ab diesem Tag fühlte ich mich wie befreit, und ohne diesen ständigen Druck erledigte ich meine Aufgaben mit viel mehr Selbstvertrauen. Innerhalb von Wochen war mein Vorgesetzter mit meinen Leistungen richtig zufrieden, und ich bekam immer besseren Kontakt zu meinen Kollegen. Der Knoten platzte wohl, als alle Mitarbeiter unserer Abteilung während der Weltmeisterschaft gemeinsam ein Spiel sahen und sich nach dem Sieg in den Armen lagen. Danach traf ich meine Kollegen auch mal am Wochenende, und mit der Zeit entwickelte sich eine richtige Freundschaft.

Mittlerweile lebte mein Freund schon ein Jahr in Barcelona, und es war Zeit für seine Rückkehr nach Stuttgart. Fast zur gleichen Zeit zog ein Mitbewohner aus unserer WG aus und ich wechselte quasi von einem Zimmer ins andere. Da mein Freund immer gerne kleine Scherze machte, überlegte ich, was ich mir für einen Spaß mit ihm erlauben könnte. Bald kam ich zu dem Schluss, seine Wände könnten einen neuen Anstrich gebrauchen, schön weiß mit einem leichten Hauch von Rosa. Als mein Freund gegen Abend nach Hause kam, hörte ich erst am kommenden Morgen sein lautes Lachen, als er den neuen Anstrich an den Wänden bemerkte.

Mit meinen Aufgaben fühlte ich mich immer wohler, und mein Vorgesetzter vertraute mir schon Berichte für den Vorstand an. In diesem Zusammenhang lernte ich den Umgang mit multidimensionalen Datenbanken, was einen großen Einfluss auf meine spätere Karriere haben sollte.

Das Leben in der WG war zwar eine sehr schöne Zeit, doch täglich stand ich auf dem Heimweg mindestens eine Stunde im Stau und kam erst um sieben Uhr abends nach Hause. Daher suchte ich nach zwei Jahren eine andere Wohnung.

Nach ein paar Hausbesichtigungen fand ich eine kleine Wohnung, die nur einige Hundert Meter von meiner Arbeitsstelle entfernt lag. Somit endete eine schöne Zeit in Stuttgart, und nach einer tollen Abschiedsfeier begann ein neuer Lebensabschnitt.

An einem sonnigen Wochenende fuhr ich mit meinem Fahrrad durch die Gegend und dachte so über mein Leben nach, welche Probleme ich nach meinen Krankheiten gemeistert hatte, wie ich nach Hunderten von Absagen einen neuen Job fand und wie gut meine Zukunft aussah. Ich habe nie vergessen, nur noch über das nachzudenken, was ich hatte, statt über das, was ich verlor. Daher überlegte ich sehr genau, ob ich an meiner Arbeit bis zur Rente festhalten wollte, oder ob ich das Risiko eines beruflichen Wechsels eingehen sollte. Die Schwierigkeiten aus der Anfangsphase bei diesem Arbeitgeber blieben präsent, und diesen Druck brauchte ich nicht nochmals. Aber ich unterhielt mich mit meinen Kollegen über das Für und Wider eines möglichen Berufswechsels.

Da ich mittlerweile drei Jahre Berufserfahrung als Wirtschaftsinformatiker hatte, bot ich meine Qualifikationen in einem Businessportal an. Nach meiner Anmeldung dauerte es nur wenige Stunden, bis ein Unternehmen aus München mich anschrieb. Diese Anfrage erfreute mich sehr, denn nun wusste ich, dass meine beruflichen Qualifikationen gefragt waren. Nachdem wir uns über die Stelle unterhalten hatten, fuhr ich eine Woche später nach München zum Vorstellungsgespräch.

Das Gespräch verlief aber alles andere als gut, denn zum einen konnte ich nicht alle Fragen beantworten, zum anderen handelte es sich um eine Software, die ich nicht kannte. Entsprechend erhielt ich ein paar Tage später eine Absage.

Allerdings bot sich kurz darauf eine weitere Chance, welche wiederum meine Karriere entscheidend beeinflusste: Ein Headhunter aus der Schweiz schrieb mich an und interessierte sich sehr für meine Erfahrungen mit multidimensionalen Datenbanken. Somit fasste ich meine aktuellen Fertigkeiten zusammen und schickte dem Headhunter meine Unterlagen. Die Antwort war schon sehr direkt; er meinte, solche Unterlagen böte er seinen Kunden sicherlich nicht an. Als ich die E-Mail las, dachte ich zuerst *Dann halt nicht*, aber ich besann mich eines Besseren und überarbeitete die Unterlagen. Mit freundlichen Worten schickte ich sie erneut und diesmal zeigte sich der Headhunter zufrieden und nahm Kontakt mit seinen Kunden auf.

Ungefähr zwei Wochen später bat der Headhunter noch um eine Referenz von meinem Arbeitgeber. Nun galt es für mich eine gute Referenz zu erhalten, ohne großes Aufsehen zu erregen. Somit schied mein direkter Vorgesetzter aus, und ich sprach meinen Bereichsleiter an, da er stets mit meiner Arbeit zufrieden war. Das Gespräch verlief viel besser als erwartet, und er stellte mir eine hervorragende Referenz aus. Kurz danach informierte mich der Headhunter über ein Vorstellungsgespräch und dass es sich um einen Pharmakonzern in Basel handelte, welcher global tätig war. Dass einmal ein Pharmakonzern das Interesse an meinen Qualifikationen zeigen würde, hätte ich in meinen kühnsten Träumen nicht zu hoffen gewagt.

Um mich auf das Vorstellungsgespräch so gut wie möglich vorzubereiten, ging ich die 100 meist gestellten Fragen eines Vorstellungsgesprächs durch und schrieb meine Antworten dazu auf. Mehr war aus meiner Sicht nicht möglich. Dann fuhr ich mit dem Zug nach Basel und vom Hauptbahnhof aus mit der Tram weiter. Den Rest ging ich zu Fuß. Dann stand ich vor dem Gebäude, welches sich gerade im Umbau befand. Ein Mann von der Personalabteilung holte mich am Empfang ab.

Bereits während der Begrüßung fühlte ich eine angenehme Atmosphäre, was mir bald meine Nervosität nahm. Etwas später kam dann der Bereichsverantwortliche hinzu, und nach ein paar Sätzen begann das Vorstellungsgespräch. Während des Gesprächs stellten sie mir mehrere Fragen, welche ich bereits zu Hause im Detail durchgearbeitet hatte. Somit fühlte ich mich von Frage zu Frage immer sicherer, machte sogar den einen oder anderen Witz, und irgendwie verlief das Gespräch wie für mich gemalt. Nachdem der offizielle Teil vorbei war, unterhielten wir uns noch über verschiedenste Themen. Dabei erwähnte der Bereichsverantwortliche, es wäre nicht einfach, eine bezahlbare Wohnung in Basel zu finden. Erst scherzten wir ein bisschen, doch bald wiederholte der Bereichsverantwortliche den Hinweis mit der Wohnungssuche etwas deutlicher. Danach verabschiedeten wir uns und der Mann von der Personalabteilung beschrieb mir den Weg, wie man die Baustelle verließ.

Auf dem Weg nach draußen hatte ich ein gutes Gefühl, ich hatte kaum Fehler gemacht. In Gedanken versunken ging ich durch eine Tür und stand mitten auf der Baustelle. Da sich diese Tür nicht von außen öffnen ließ, lief ich dann im Anzug durch den Matsch und suchte einen anderen Ausgang. Bei meinem ersten Versuch stand ich vor einem drei Meter tiefen Abhang Richtung Straße. Mittlerweile waren meine Schuhe und Hose voller Dreck, und während ich etwas hilflos über die Baustelle lief, hoffte ich nur, dass meine Suche nicht vom Fenster aus beobachtet wurde. Irgendwann wusste ich mir keinen anderen Rat, kletterte über einen Zaun und stand bald wieder auf der Straße. Es ist wohl unnötig zu erwähnen, dass alle mich mit großen Augen anstarrten, als sie mich mit Anzug und völlig dreckigen Schuhen an der Haltestelle bemerkten.

Nun fuhr ich doch mit gemischten Gefühlen nach Hause. Zum einen war das Vorstellungsgespräch aus meiner Sicht wirklich gut verlaufen, aber für meine Suchaktion auf der Baustelle gab es sicherlich Minuspunkte. Mit dieser Ungewissheit lebte ich nun über das

Wochenende und war hin- und hergerissen, da ich erst am Montag mit einer Antwort rechnen konnte.

Am Montag saß ich dann im Büro und musste ständig auf mein Handy starren. Dann klingelte es, und im Display sah ich die Nummer vom Headhunter. Nun kam die Stunde der Wahrheit. Er begrüßte mich, und an seiner Stimme versuchte ich irgendeinen Hinweis auf Top oder Flop zu erraten. Nach ein paar Sätzen teilte er mir schließlich mit, dass der Pharmakonzern gerne meine Dienste annehmen würde. Mal wieder konnte ich meine Gefühle kaum in Worte fassen. Ich war glücklich und stolz, dass ich es beruflich so weit gebracht hatte. Für mich ging ein Traum in Erfüllung!

Als ich etwas später meine Kündigung einreichte, fand mein Vorgesetzter das zwar nicht so gut, allerdings verstand er auch meine berufliche Chance. Daher ging ich bis zum Schluss meiner Arbeit nach und stellte mich innerlich auf mein neues Leben in der Schweiz ein.

Die Wohnungssuche in Basel war dann tatsächlich schwieriger als erwartet, denn zum einen gab es nur eine Handvoll bezahlbarer Wohnungen, zum anderen gab es pro Wohnungsbesichtigung mehr als 30 Bewerber. Was ich aus Deutschland auch noch nicht kannte: Jeder Bewerber reichte eine Referenz vom Vormieter ein, und erst danach erhielt ein Bewerber die Wohnung.

So langsam lief mir die Zeit davon, und ich freundete mich schon halb mit einem Hotel an. Doch nun half mir indirekt ein guter Freund aus Barcelona: Sein Arbeitskollege kam gebürtig aus Basel, und da seine Schwester noch dort lebte, half sie mir bei meiner Wohnungssuche. Allerdings gab es nach wie vor mehr als 30 Bewerber, und somit fand ich selbst mit ihrer Hilfe keine Wohnung. Die Zeit verstrich, und in drei Wochen sollte ich meinen neuen Job antreten, immer noch ohne Wohnung.

Da erhielt ich einen Anruf von besagter Schwester: Ein Freund von ihr zog mit seiner Freundin zusammen, und daher suchte er kurzfristig einen Nachmieter. *Die nehme ich,* sagte ich sogleich. Sie beschrieb mir den Weg, und nun fuhr ich abermals zu einer Wohnungsbesichtigung, diesmal aber gab es nur einen Bewerber, mich. Vom Bahnhof in Basel fuhr ich mit der Tram zur beschriebenen Wohnung, und irgendwie kam mir der Weg bekannt vor. Als ich dann ausstieg, konnte ich ein breites Grinsen nicht verbergen, denn die Wohnung lag ungefähr 100 Meter von meiner neuen Arbeitsstelle entfernt. Für mich war sofort klar: *Die nehme ich, Zustand egal.* Als mir dann der Mieter seine Wohnung zeigte, wurden wir uns sehr schnell einig, und ich bezahlte alles im Voraus.

Die letzten Arbeitstage in Deutschland brachen an. Meine Kollegen überlegten, was sie mir wohl Schönes zum Abschied schenken sollten, und fanden ein Buch über das Leben in der Schweiz. Während der Abschiedsfeier las ein Kollege ein paar Zeilen aus dem Buch vor; die Schweizer beobachteten scheinbar gerne ihr Haus und Umfeld genauestens.

Mit einem Kleintransporter fuhr ich mit meinem guten Freund aus Stuttgart nach Basel. Wir stellten den Kleintransporter auf dem Parkplatz ab, ich öffnete die Haustür, lief zurück zum Kleintransporter und nahm die ersten Sachen mit. Als ich wieder an der Haustür ankam, stand eine ernst wirkende Frau vor mir und fragte mich etwas auf Schwizerdütsch. Da ich sie nicht verstand, bat ich sie zu wiederholen, was sie wollte. Danach fragte die Frau auf Hochdeutsch, warum ich die Haustür nicht abschließen würde. In diesem Moment kam mir der erste Satz aus dem Buch über die Schweiz in den Sinn, ich ließ mir aber nichts anmerken und sagte zu ihr, dass ich gerade einziehen würde. Sie zeigte sich kaum beeindruckt und wiederholte, die Haustür bliebe stets geschlossen. Ich überlegte, zeigte dann meinen guten Willen und verzichtete auf Diskussionen. Zwar dauerte der Einzug auf diese Weise mit dem ständigen Öffnen und Schließen der Tür etwas länger, aber als alle Sachen in der Wohnung waren, verbrachten wir einen ersten tollen Abend in Basel.

Nun hatte ich noch eine Woche Zeit und richtete meine Wohnung ein, bevor mein erster Arbeitstag vor der Tür stand.

Im neuen Anzug lief ich morgens hoch motiviert zu meiner neuen Abteilung und begrüßte mit einem *Hallo* meine neuen Kollegen. Die Reaktion verlief dann anders als erwartet: Ein paar Kollegen sahen mich kurz an und gingen dann wieder ihrer Arbeit nach. Dann ging ich zum ersten Kollegen, begrüßte ihn nochmals und meinte, dass ich neu in dieser Abteilung sei. Seine Begeisterung hielt sich in Grenzen und er meinte nur: *Dein Chef ist heute nicht da, deine Unterlagen liegen hinten auf dem Sideboard.* Danach wandte er sich wieder seiner Arbeit zu und ich stand etwas ratlos im Raum. In einem Pharmakonzern wurde wohl etwas anders gearbeitet, schloss ich daraus.

Nun suchte ich einen freien Arbeitsplatz und ging die Bedienungsanleitung vom Laptop durch. Da sich nach mehreren Versuchen der Laptop nicht starten ließ, sprach ich den Kollegen nochmals an. Als ich mein Problem mit der Bedienungsanleitung beschrieb, meinte er nur: *Wenn du das noch nicht mal schaffst, kann das ja noch heiter werden mit dir.* Ich dachte nur: *Worauf habe ich mich da bloß eingelassen.* Danach zeigte er mir, wie man den Laptop startete und ich saß die ersten acht Stunden vor dem Laptop, ohne zu wissen, was ich machen sollte.

Am nächsten Tag traf ich dann meinen Abteilungsleiter, und wir besprachen die ersten Punkte hinsichtlich Software und Datensicherheit. Nachdem ich die notwendige Software installiert und die Zugriffsberechtigungen beantragt hatte, fand ich für unzählige Abteilungen keinen Ansprechpartner. Als ich meinen Abteilungsteiler auf die fehlenden Zugriffsberechtigungen ansprach, hielt sich seine Hilfe in Grenzen, und somit suchte ich weiter nach einer zuständigen Abteilung für Berechtigungen. Für mich kamen auch die ersten Zweifel auf, ob ich mir mit einem Pharmakonzern zu viel zugetraut hatte.

Ein paar Tage später kamen dann noch drei Kollegen und unser Teamleiter hinzu. Die Einarbeitungszeit durch den Teamleiter war aus meiner Sicht etwas spärlich, ich war mehr oder weniger auf mich alleine gestellt und die folgenden Wochen verliefen auch nicht besser. Aus unserem Team fand keiner die Zeit, uns richtig einzulernen, daher fragte ich des Öfteren beim Teamleiter nach. Er erwartete ein hohes Maß an Selbstständigkeit seiner Mitarbeiter, allerdings kam ich mit diesem Führungsstil nicht zurecht. Teilweise sollte ich schon Probleme telefonisch lösen, welche ich nicht einmal kannte, und dies machte meine Arbeit nicht einfach. Folglich zeigte sich mein Teamleiter immer unzufriedener mit meiner Arbeit und nahm auch kein Blatt vor dem Mund, als er mich vor versammelter Mannschaft niedermachte. Mir kam das Ganze vor wie damals, als die Kollegin mich ständig unter Druck setzte. Daher setzte ich ein Zeichen und gab meinem Teamleiter klar zu verstehen, was ich von seinem Führungsstil hielt. Zwar zeigte ich in diesem Moment Rückgrat, allerdings griff er mich danach bei jeder Gelegenheit an. Erst als er einen anderen Kollegen aufs Korn nahm, kam ich aus der Schusslinie und ging meiner Arbeit so gut wie möglich nach.

Für ein Team-Event fuhren wir für ein Wochenende in die Berge zum Ski- und Snowboard fahren. Auch wenn ich es noch nie mit dem Snowboard versucht hatte, fand ich es dem Skateboardfahren sehr ähnlich. Da meine Kollegen seit vielen Jahren Ski oder Snowboard fuhren, übte ich nicht alleine auf dem Anfängerhügel, sondern fuhr gleich mit ihnen auf eine schwierige Piste. Oben angekommen ging es los, ich schwenkte das Snowboard nach links und rechts und merkte, wie ich immer schneller wurde. Als ein Kollege hinter mir herrief *Pass auf deine Kante auf!* schaute ich mich fragend um und lag nach einem dreifachen Salto im Schnee. Mein Kopf tat höllisch weg, ich hörte einen starken Piepton im linken Ohr und musste fast erbrechen. Da mein Teamleiter und die Kollegen noch weiter fuhren, wartete ich leicht benommen im Tal, bis es zurück nach Basel ging.

Das restliche Wochenende verlief dann alles andere als erholsam, ich hörte nur noch diesen permanenten Piepton, und an Schlaf war nicht zu denken. Somit ging ich am Montagmorgen zum Arzt, um mir ein Medikament gegen das Piepen zu besorgen. Allerdings diagnostizierte er einen Tinnitus, und in vielen Fällen verschwand der Piepton nicht mehr. Nun musste ich auch noch mit einem ständigen Piepen im Ohr zurechtkommen, das mich kaum noch schlafen ließ.

Eines Nachts fühlte ich eine totale Unruhe im Körper und kam weder im Sitzen noch Liegen zur Ruhe. Da ich nicht mehr schlief, zählte ich nur noch die Stunden, stand auf und ging ins Büro. Diese innerliche Unruhe im Körper verfolgte mich auch tagsüber. Gegen Mittag sah ich den Bildschirm etwas verschwommen, dann begannen meine Augen unkontrolliert zu zucken. Kurz darauf passierte das Gleiche mit meinen Beinen; ich hatte meinen Körper nicht mehr unter Kontrolle und fiel zu Boden. Meine Kollegen riefen sofort einen Notarzt und ich war mal wieder hilflos. Ich hatte Angst: Hatte ich einen weiteren Schlaganfall? Als ein paar Minuten später ein Notarzt neben mir stand, legten sie mich kurz darauf auf eine Trage und schoben mich in den Krankenwagen. Die ganzen schlimmen Erinnerungen kamen sofort wieder hoch. Ich versuchte verzweifelt, meinen Arm zu bewegen, und schrie laut: *Mein Arm, mein Arm.* Der Arzt beruhigte mich und meinte, da ich einen epileptischen Anfall habe, würde ich an der Trage angeschnallt. Diese Antwort war Balsam für meine Seele, denn es handelte sich um keinen weiteren Schlaganfall.

Als ich auf der Notfallstation lag, ging es langsam besser, und nach ein paar Stunden entließen sie mich wieder aus dem Krankenhaus. Der Notarzt schrieb mich noch für zwei Wochen krank, und diese Zeit nutzte ich, um über mein Leben in Basel nachzudenken. Wie kam es nur zu diesem epileptischen Anfall? War es nur ein Zufall wie mein Snowboard-Unfall oder mehr ein Warnsignal für meine Gesundheit? War ich wirklich den hohen Anforderungen des Pharmakonzerns und dem Druck meines Vorgesetzten gewachsen? Zwar erhielt ich ein gutes Gehalt, doch was brachte es mir, wenn ich wieder krank im Bett lag? Für mich wurde immer klarer: Kein Job der Welt war es wert, dass ich nochmals meine Gesundheit aufs Spiel setzte. Dazu erhielt ich kurz darauf eine wahrlich frohe Botschaft, welche mein Leben wieder entscheidend änderte.

Nach zwei Wochen Arbeitsunfähigkeit ging ich wieder meiner Arbeit nach. Kurz darauf setzte mein Teamleiter ein Status-Meeting für alle Kollegen zum Thema *personelle Veränderungen* an. Da ich nun längere Zeit krank war und öfters Probleme mit meinem Teamleiter hatte, kam mir schnell der Gedanke, dass es mich betraf. Zwar dachte ich zuerst an meine Gesundheit, doch bei einer Kündigung fühlte ich mich doch etwas hilflos. Als wir dann alle zusammensaßen, teilte unser Teamleiter mit, dass er eine neue Aufgabe im Pharmakonzern übernehmen und unser Team verlassen würde. Es war totenstille im Raum! Ich ließ mir zwar nichts anmerken, aber ich war glücklich, das zu hören, von meinen Kollegen konnte es mir ebenfalls denken. Als ein sehr netter Kollege die Position als Teamleiter übernahm, änderte sich das Arbeitsverhältnis schlagartig. Ab diesem Zeitpunkt besprachen wir alle Aufgaben im Detail, und es entwickelte sich ein richtiges gutes Team. Nun kämpfte keiner mehr nur für sich alleine, sondern wir unterstützten uns, falls der eine oder andere Hilfe brauchte.

Nach ungefähr einem Jahr übernahm unser Team eine neue Aufgabe im 2nd-Level-Support und betreute eine neue Software, welche den gesamten Vertrieb betraf. Mit anderen Worten: Wir nahmen die Probleme mit der Software seitens des Vertriebes auf, analysierten die Probleme und gaben diese Informationen an die Softwareentwickler weiter. Da es sich um eine neue Software handelte, lernte ich alles von Beginn an und erkannte die Tücken des Programms. Bald erhielt ich sehr gute Feedbacks vonseiten des Vertriebes, und meine Arbeit machte wieder Spaß.

Doch wie so vieles im Leben, hält nichts für ewig, und nach einem weiteren Jahr stand eine neue personelle Veränderung an: Mein Teamleiter erhielt die Chance auf eine höhere Position und teilte uns mit, dass auch er unser Team verlassen würde. Nun suchte mein Abteilungsleiter eine neue Teamleitung. Da ich sehr gute Feedbacks erhielt und einen schnellen Support leistete, sprach er mich auf die Stelle als Teamleiter an. Nun dachte ich mal wieder das ganze Wochenende über meine beruflichen Chancen und meine gesundheitliche Situation nach. Als Teamleiter übernahm man mehr Verantwortung gegenüber den Kollegen und für die gestellten Anforderungen vom Abteilungsleiter. Wie kam ich mit dem Druck zurecht, sobald mal etwas nicht mehr so lief wie gewünscht? Dabei kamen sofort die Erinnerungen hoch, wie ich durch permanenten Stress erkrankt war. Aber was wäre, wenn ich einen neuen Teamleiter erhielt, mit dem ich nicht zurechtkam?

Als ich am nächsten Montag meinen Abteilungsleiter traf, entschied ich spontan, dass ich die Stelle als Teamleiter übernehmen würde. Gegenüber meinen Kollegen verhielt ich mich genauso wie früher, und dies war ein großer Pluspunkt für unsere weitere Zusammenarbeit. Für die administrativen Aufgaben, wie zum Beispiel den Umgang mit Fehlzeiten von Kollegen, suchte ich noch die richtige Strategie. Zu Beginn führte ich die Gespräche mit Witz und Charme und zunächst lief es auch gut. Allerdings gibt es ja den Spruch: *Reicht man den Finger, nehmen sie gleich die Hand.* Somit nutzen ein paar Kollegen meine Gutmütigkeit aus, und ich zeigte notgedrungen auch mal Härte.

Die Gespräche mit den anderen Teamleitern aus Vertrieb und Entwicklung erwiesen sich schon als schwieriger. Da ich neu als Teamleiter arbeitete, prüften sie sofort, wie weit sie mit mir gehen konnten. Und als ob es zu meinem Schicksal gehörte, bekam ich ständige Probleme mit einer Frau aus dem Bereich der Softwareentwicklung. Doch nach einigen Attacken blieb ich diesmal nicht mehr in der Defensive, sondern steckte klar die Grenzen ab. Als ich Stärke zeigte, akzeptieren sie mich. Ab diesem Zeitpunkt widmete ich mich wieder voll und ganz meinen eigentlichen Aufgaben.

Dunkle Tage

Nicht schon wieder! Mit einem lauten Schrei fuhr ich aus dem Schlaf hoch und fühlte meinen linken Arm nicht mehr. *Ist mein Arm nur eingeschlafen oder muss ich wieder mit dem Schlimmsten rechnen?* Zuerst versuchte ich, aus meinem Bett zu steigen. Dann dauerte es mehrere Minuten, bis ich meinen Arm wieder bewegen konnte, doch zeitgleich kamen starke Schmerzen hinzu. Die Zeit mochte kaum vergehen, bis mein Arm wieder ganz mir gehörte und ich keine Schmerzen mehr spürte. Danach versuchte ich mich wieder zu beruhigen und weiterzuschlafen. Diese Angstzustände erlebte ich teilweise täglich, manchmal wurde ich für ein paar Wochen davon verschont.

Nach meinem Snowboard-Unfall musste ich noch mein Tinnitus-Problem verarbeiten. Immer wenn ich während der Nacht im ganzen Körper eine totale Unruhe verspürte, wusste ich genau, was später passieren würde: Im Laufe des Tages hörte ich von einer Sekunde auf die andere einen extrem lauten Piepton im linken Ohr, der dann Stück für Stück zurückging. Sobald er verschwand, war mein Kopf für Sekunden wie leer gefegt. Ab diesem Zeitpunkt wusste ich nicht, wo ich mich befand, und konnte nicht sagen, wer mir gerade gegenüberstand. Danach gab es zwei Möglichkeiten: Im guten Verlauf kam mir nach kurzer Zeit alles wieder in den Sinn, und ich erkannte mein Umfeld. In der schlechten Variante sah ich immer schlechter, bis ich blind wurde, und legte mich dann schnell irgendwo hin, da ich einen epileptischen Anfall erlitt. Die schlechte Variante war mir schon zweimal bei der Arbeit passiert, und meine Kollegen waren in großer Sorge.

Auch wenn ich dieses Problem so genau beschreiben konnte, waren die Ärzte mehr oder weniger ratlos und konnten nicht sagen, was es sein könnte.

Einmal war ich gerade auf dem Weg nach Hause, als dieser Piepton auftrat. Obwohl ich mich beeilte, schaffte ich es nicht mehr rechtzeitig nach Hause und stand bald blind vor der Haustür. Ich konnte zwar nichts mehr sehen, aber glücklicherweise hörte ich jemanden aus dem Haus kommen und sprach ihn auf mein Problem an. Sicherlich war diese Person irritiert, aber sie öffnete die Haustür und ließ mich hinein. Da ich in der vierten Etage wohnte, musste ich nun noch einen Weg in meine Wohnung finden. So lief ich halb blind im Treppenhaus an der Wand entlang und versuchte an der Tür, ob mein Schlüssel passte. Wenn ich überlege, was da noch alles hätte passieren können ...

Schließlich kam ich auf der richtigen Etage an, und mein Schlüssel passte. Ich öffnete die Tür, legte mich sofort auf den Boden und wartete, bis ich mein Umfeld wieder erkannte. Danach zog ich mich aus, ging ins Bett und versuchte, diesen Tag so gut wie möglich zu vergessen.

Nach meiner chronischen Darmkrankheit, meinem Schlaganfall und den epileptischen Anfällen nahm ich nun täglich mehrere Tabletten. Mit der Zeit funktionierte mein Körper nicht mehr so wie zu der Zeit, als ich noch ohne Tabletten auskam. Es gab Momente, da war ich von einem Moment auf den nächsten schweißgebadet, bekam Herzrasen und Panikattacken. Bis zum heutigen Tag suche ich noch nach einer Lösung, wie ich mit solchen Momenten umgehen kann.

Ich möchte mir nun auch nichts vormachen. Nach meinen traumatischen Erlebnissen komme ich nachts nur noch selten zur Ruhe. Oft werde ich von mehreren Albträumen geplagt, in denen unbekannte Menschen mir Böses wollen. Teilweise werden die Albträume so heftig, dass ich, sobald ich aufschrecke, für Sekunden diese Menschen an meinem Bett stehen sehen kann.

Der Traumjob

Mittlerweile arbeitete ich schon drei Jahre als Teamleiter für einen Pharmakonzern und lernte einiges dazu. Unser Team bekam auch von mehreren Abteilungen gute Feedbacks für die gezeigte Leistung. Doch wie bei allen internationalen Unternehmen ist der Kostendruck allgegenwärtig, und die ersten Gerüchte von größeren Veränderungen machten die Runde. Die Aufgaben unseres Teams waren zwar von zentraler Bedeutung, aber ich hörte auf meinen sechsten Sinn und hielt die Augen offen für mögliche Alternativen. Um möglichst viele Stellenangebote zu prüfen, meldete ich mich bei verschiedenen Job-Portalen an. Etwas später kontaktierte ich noch einen ehemaligen Headhunter, welcher mich bei meiner Stellensuche unterstützte.

Vor Jahren gab mir ein guter Freund den Tipp mit einer Entscheidungstabelle, in welche ich einfach alle Pros und Kontras für mein aktuelles Anliegen eintrug. Falls nun eine Spalte überwog, sei es Pro oder Kontra, hätte ich schon eine gute Entscheidungsgrundlage. Der erste Eintrag unter der Spalte *Pro* kam mir schnell in den Sinn und hieß: *Spaß an der Arbeit*. Am Ende hatte ich eine klare Vorstellung von meinem idealen Job.

Die ersten Stellenangebote aus den Job-Portalen entsprachen nie ganz meinen Vorstellungen, sei es bezüglich der Aufgaben, der Position oder der Entfernung zur Arbeit. Vom Headhunter erhielt ich alle möglichen Stellenangebote, welche nicht im Entferntesten meinen Vorstellungen entsprachen, allerdings hatte er ja sein eigenes Interesse, mich gewinnbringend zu vermitteln. Aber ich musste meine Arbeitsstelle nicht wechseln, daher nahm ich mir Zeit und prüfte alle eingehenden Stellenangebote.

In der Zwischenzeit bereitete ich meine Teamkollegen auf mögliche Veränderungen in unserem Bereich vor.

Eines Tages erhielt ich von einer Freundin per SMS ein Stellenangebot aus dem öffentlichen Bereich, welches zu hundert Prozent meinen beruflichen Vorstellungen entsprach. Vielleicht war es Schicksal, denn bei diesem Arbeitgeber handelte sich um ein Krankenhaus. Da ich für meine Bewerbung nur noch ein paar Tage Zeit hatte, fuhr ich nach Erhalt der SMS gleich nach Hause und schrieb meine Bewerbung passend zur Stellenausschreibung.

Drei Tage nach meiner Bewerbung erhielt ich morgens einen Anruf über das Handy von einer unbekannten Nummer. Da die Vorwahl außerhalb von Basel lag, hatte ich schon eine Ahnung, von wem der Anruf stammen könnte. Ich ging ran, und eine Dame aus dem Krankenhaus meldete sich. Nach ein paar einleitenden Sätzen lud sie mich zu einem Vorstellungsgespräch ein. Sie erwähnte noch, dass sie bald in Urlaub fahren würde und daher nicht mehr ganz so viele Termine möglich wären. *Da ich mich ja für diese Stelle interessiere, ist jeder Termin für mich recht,* sagte ich. So fanden wir schnell einen Termin, und nach ein paar abschließenden Sätzen verabschiedeten wir uns wieder.

Ich war voller Freude über den Termin und darüber, wie das Telefonat verlaufen war. Ich erinnerte mich an mein letztes Vorstellungsgespräch, welches ebenfalls in angenehmer Atmosphäre verlief. Nun galt es, gut vorbereitet zu sein. Auf der Homepage des Krankenhauses stand der letzte Jahresbericht zur Verfügung, den ich genauestens studierte. So bekam ich einen guten Einblick in die finanzielle Lage des Krankenhauses, welche medizinischen Bereiche angeboten wurden und welche Projekte anstanden. Dann bereitete ich mich auf mögliche Fragen aus meiner Vergangenheit vor und erstellte einen Leitfaden über meine beruflichen Erfahrungen.

Schon stand der Vorstellungstermin an. Da ich schon immer gerne überpünktlich war, erschien ich auch diesmal fast 30 Minuten vor dem Termin im Krankenhaus. Als ich anklopfte und eintreten wollte, stand ich vor verschlossener Tür. Kurz darauf kam eine Dame aus dem Nebenzimmer auf mich zu und meinte, ihre Kollegin sei auf dem Weg. Wir gingen zusammen in einen Aufenthaltsraum, sie bot mir einen Kaffee an, und dort wartete ich auf die Kollegin.

Ungefähr zehn Minuten später kam dann die Personalverantwortliche zu mir, wir begrüßten uns und gingen zum Besprechungsraum. Auf dem Weg fragte ich sie nach ihren Urlaubsplänen, und so entwickelte sich ein angenehmes Gespräch. Im Besprechungsraum unterhielten wir uns noch über diverse Themen und warteten auf den Fachverantwortlichen.

Nach ein paar Minuten waren wir dann vollzählig und begannen mit dem Vorstellungsgespräch. Zuerst stellte mir der Fachverantwortliche die Aufgaben aus seinem Direktionsbereich vor und was für ein Mitarbeiter genau gesucht wurde. Danach schilderte ich meinen Lebenslauf, welche Qualifikationen ich erlangt hatte und in welchen Bereichen ich tätig war. Während des Gesprächs hatte ich jederzeit ein gutes Gefühl, und die Fragen vom Fachverantwortlichen beantwortete ich zu seiner Zufriedenheit.

Nach dem Vorstellungsgespräch standen wir noch kurz vor dem Besprechungsraum zusammen, wünschten der Personalverantwortlichen einen schönen Urlaub und verabschiedeten uns. Danach fuhr ich wieder nach Hause, und dort angekommen erhielt ich schon eine E-Mail vom Fachverantwortlichen. Er bedankte sich für das gute Gespräch und würde sich in ein paar Tagen wieder bei mir melden. Auch wenn ich am liebsten am nächsten Tag angerufen und seine Entscheidung erfragt hätte, wartete ich stattdessen ungeduldig auf seine Antwort.

Zwei Tage später erhielt ich wieder einen Anruf über das Handy, doch diesmal sah ich im Display die gespeicherte Nummer vom Krankenhaus. Nun war quasi der Tag der Entscheidung, und ich wurde nervös. Ich nahm den Hörer ab, es meldete sich der Fachverantwortliche, und nach ein paar Sätzen lud er mich zu einem zweiten Vorstellungsgespräch ein. Als ich dies hörte, fiel mir ein großer Stein vom Herzen.

Somit fuhr ich erneut zum Krankenhaus, allerdings trafen wir uns diesmal in einem anderen Gebäude. Da ich wieder überpünktlich ankam, saß ich gut eine halbe Stunde früher am beschriebenen Treffpunkt. Das Gebäude sah für mich zwar mehr wie Wohnungen aus, aber laut Plan trug es die richtige Hausnummer. Die Zeit verging und langsam wurde ich etwas ungeduldig, da mich noch niemand in Empfang genommen hatte. Ich brauchte Gewissheit und sprach einen vorbeilaufenden Passanten an, ob ich richtig sei. Als der Passant meinte, die gesuchte Straße läge etwas weiter hinten im Krankenhausgelände, bekam ich Hitzewellen. Sofort rannte ich zum Krankenhausgebäude zurück, erkundige mich an der Rezeption nach der gesuchten Straße, doch keiner wusste einen Rat. Bald rannte ich wie ein Hahn ohne Kopf im Krankenhaus umher, mein Rücken war klatschnass und ich schon zwei Minuten über der vereinbarten Zeit. Ich war doch immer überpünktlich, warum ausgerechnet zu diesem Termin zu spät? Nun klingelte auch noch mein Handy, und der Fachverantwortliche wollte gerne wissen, wo ich sei. Zuerst entschuldigte ich mich, erklärte etwas hastig die Situation mit dem falschen Gebäude und der richtigen Hausnummer und das ich nun vor der Rezeption stünde. Er beruhigte mich und meinte, dass er mich an der Rezeption abholen würde.

Kurz darauf begann dann das zweite Vorstellungsgespräch. Zuerst stellten seinen Kollege ihre Aufgabengebiete vor, und danach erzählte ich über meinen beruflichen Werdegang. Da ich mich so über meine Unpünktlichkeit ärgerte, war ich wie gelähmt. Dies blieb dem Fachverantwortlichen nicht verborgen und er sprach mich darauf an, warum ich diesmal so nervös reagierte. Ich verwies nochmals auf die unglückliche Verwechslung. Im zweiten Teil des Vorstellungsgesprächs sollte ich mehrere Fragen zum Thema BI-Systeme am PC beantworten. Da ich mich in diesem Bereich gut auskannte, kam ich bald wieder zur Ruhe und konzentrierte mich auf die Aufgaben.

Nach einer Stunde saßen wir wieder zusammen, und ich beantwortete aus meiner Sicht alle Fragen. Nach dem Vorstellungsgespräch saß ich noch ein paar Minuten mit dem Fachverantwortlichen zusammen und erklärte abermals, wie es zu dieser Verspätung gekommen war.

Zu Hause angekommen, erhielt ich wieder eine E-Mail mit dem Hinweis, er würde sich morgen melden. Nur eine Stunde später erhielt ich eine weitere E-Mail, er würde sich erst gegen 17:00 Uhr melden. Die zweite E-Mail machte mich total unsicher, und sogleich schwirrten tausend Gedanken in meinem Kopf herum. Dementsprechend schlief ich die Nacht kaum, stand viele Male auf und überlegte, welche Fehler ich wohl gemacht hatte. Warum war das Gespräch auf 17:00 Uhr verschoben worden? Erhielt ein anderer Kandidat morgens die Zusage und ich abends die Absage?

Unausgeschlafen stand ich morgens auf, ging zur Arbeit und versuchte, irgendwie die Zeit bis 17:00 Uhr zu überbrücken. Ich wollte mich beruhigen, doch es spielten sich tausend Szenen einer Zusage oder einer Absage in meinem Kopf ab. Mittlerweile war es schon nach 17:00 Uhr, ich hatte immer noch keinen Anruf erhalten und die Stelle schon abgeschrieben. Dann klingelte es, man hatte sich nochmals im Team beraten und wenn ich noch Interesse hätte, würden sie mich gerne einstellen. Ich antwortete sogleich, dass er mich zum glücklichsten Menschen mache, und nahm gerne die Stelle an.

Nach diesem Gespräch ging ich im Zeitraffer die verschiedenen Episoden meines Lebens durch: wie ich nach meiner Krankheit und meinem Schlaganfall einen Weg zurück ins Leben fand, nach Hunderten Bewerbungen einen Job als einfacher Angestellter erhielt, in der Schweiz ins Ungewisse wechselte, und Jahre später war ich nun ein Mitglied des Direktionsstabs dieses Krankenhauses.

Mut zur Veränderung

Zuallererst möchte ich mich bei meinen Lesern bedanken, dass sie sich für mein Buch entschieden haben. Falls ich nun jemanden mit meiner Lebensgeschichte inspirieren konnte, dann habe ich mein Ziel erreicht.

Als ich mich entschied, dieses Buch zu schreiben, durchlebte ich nochmals die verschiedenen Episoden meines Lebens, und einige Situationen gingen mir so nahe, dass mir die Tränen kamen. Aber ich erinnerte mich auch an sehr schöne Momente, welche mich wieder glücklich stimmten.

Doch was habe ich nun trotz meiner gesundheitlichen Rückschläge erreicht? Waren es alles nur glückliche Zufälle, welche mein Leben entscheidend beeinflussten, oder lag es an meinem Mut zur Veränderung? Wie wäre mein Leben wohl verlaufen, wenn ich damals nicht den Mut gehabt hätte, nach Stuttgart zu ziehen? Wäre ich über einen anderen Weg in die Schweiz gekommen oder hätte ich in Deutschland einen Weg nach oben gefunden? Schon als Jugendlicher fragte ich mich oft, ob es eine Art Bestimmung für die Menschen gibt. Ist es nun einfach Zufall, dass ich mich entschied, dieses Buch zu schreiben, oder gehörte es zu meinen Aufgaben, über diesen Weg anderen Menschen zu helfen? Wie lange kann ich mein aktuelles Leben weiterführen und welche Hürden muss ich in der Zukunft noch nehmen? Auf all diese Fragen werde ich nie eine klare Antwort erhalten.

Welche Frage aber jeder selbst beantworten kann, ist die, wie weit man bereit ist, zu gehen, wenn man etwas im Leben verändern will. Wie viele Rückschläge nimmt man in Kauf, wenn man ein bestimmtes Ziel erreichen will? Als ich damals wieder für zwei Jahre in meinem ehemaligen Kinderzimmer lebte, habe ich diese Situation akzeptiert, aber mit dem festen Willen auf Besserung. Zum anderen habe ich nach meiner ersten Sprachtherapie erkannt, dass ich mich nie mehr fragen durfte, was ich verlor, sondern nur noch, was ich noch habe. Aber obwohl ich immer wieder Mut zu Veränderungen bewies, war das alles ohne die Unterstützung meiner Familie und meiner Freunde kaum möglich.

Ich nehme nun alles, was mein Leben beeinflusst hat, als Zufall oder Schicksal an, denn nach einem langen und steinigen Weg erreichte ich am Ende Zufriedenheit. Was ich durch mein Leben gelernt habe: Zufriedenheit wird nicht nur durch ein monatliches Gehalt oder eine Position im Job bestimmt, sondern vielmehr dadurch, wie man die Zeit mit seiner Familie und seinen Freunden verbringen kann. Denn ohne meine Familie oder meine Freunde wäre mein aktuelles Leben nie zu erreichen

gewesen und dafür möchte ich mich ganz herzlich bei
Euch bedanken,

Euer Benjamin Weiter